DAZHIHUI

大智慧 【外国卷】

——不可不读百位名人十句经典

杨晓光 ◎ 编

浙江人民出版社

目 录

●●●●○ Mobile 📶　　12:00 AM　　100% ▭

大智慧

●●●●○ Mobile 📶　　　12:00 AM　　　100% 🔋

伊索 [古希腊]

1. 掩饰一个缺点，结果会暴露另一个缺点。

2. 不适当的美丽会给自己招来耻辱。

3. 不幸的人会以别人的更大不幸来安慰自己。

4. 说谎话的人所得到的，就只是即使说了真话也没有人相信。

5. 不肯与朋友共享果实的人，不要指望朋友与他共患难。

6. 我们应该注重内心，而不应该只看外貌。

7. 吃不到葡萄的人说葡萄酸。

8. 在危险之中，常有被怀疑的朋友成为救星，最被相信的成为卖友的人。

9. 你希望别人如何对待你，你就如何对待别人。

10. 光荣地死胜过耻辱地生。

伊索（Aesop，约公元前6世纪），古希腊著名的寓言家，与克雷洛夫、拉·封丹和莱辛并称世界四大寓言家。其作品《伊索寓言》被誉为西方寓言的始祖，它的出现奠定了寓言作为一种文学体裁的基石。

伊索

微言微语

绿之梦　狼来了，狼来了！狼真的来了，反而没人信了。诚信为本！

致　远　不以物喜，不以己悲，坦然面对，保持平常心。

爱心中的智慧　这些话质朴得让人没有一点想象空间，但能直抵内心。👍

宇　宁　年轻时读伊索寓言，印象最深刻的是那只吃不到葡萄说葡萄酸的狐狸。那时，这只狐狸说的这句话在我看来就是自欺欺人，或者是虚伪的代名词。年纪大了，见过和经历的事多了，再体会这句话，觉得"酸葡萄心理"也不失为一种合理的心理防御机制，特别是遭遇不公平际遇又无力改变现实的情况下，"酸葡萄心理"也是自我调侃、自我排遣、自我平衡的一种简单管用的方法，甚至可以在吃不到葡萄时，说葡萄有农药残留物，吃了不健康。哈哈！😊

莲　子　句句都是哲理，让人受益！

建　方　"我们应该注重内心，而不应该只看外貌。"美可以表现在优良的品德和高尚情操的内心上。当然，内心美与外貌美是相辅相成的，但任何时候都是内心美比外貌美更为重要。一个心灵美的人，外貌也会显美，那是一种叫气质的东西在影响容貌。相信这一点，多做一些有益于别人的事情，同样也有益于自己的身心健康。

乐陶陶　"你希望别人如何对待你，你就如何对待别人。"将心比心，多站在别人的角度考虑问题。

和颜爱语　一个奴隶出身的人靠聪慧和努力，不仅成为古希腊哲学家和文学家，而且成为世界四大寓言家之一。一部《伊索寓言》带给一代代人智慧！

●●●●○ Mobile 📶　　　12:00 AM　　　100% ▭

索福克勒斯 ［雅典］

1　理智是天神赋予凡人最有价值的财宝。

2　一句短短的谚语往往蕴含着丰富的智慧。

3　一个正直的人要经过长久的时间才能看得出来，一个坏人只要一天就认得出来。

4　一个人如果抛弃他忠实的朋友，就等于抛弃他最珍贵的生命。

5　凡事一无所知，人生最幸福甜蜜。

6　天决不助不愿作为的人。

7　才智无疑是幸福的首要条件。

8　我看清了，我们所有活着的人，都只不过是空幻的影子、虚无的梦。

9　世上没有任何东西比金钱更能使人道德败坏。

10　一切努力都取决于掌握时机。

索福克勒斯（Sophocles，公元前 496—公元前 406 年），古希腊剧作家，与埃斯库罗斯、欧里庇得斯并称古希腊三大悲剧作家。他大致生活于雅典奴隶主民主制的全盛时期，传世作品有《安提戈涅》《俄狄浦斯王》等。

索福克勒斯

♡ 赞

💬 微言微语

宇　宁　老索讲天决不助不愿作为的人，翻译成中文就是"天道酬勤"。

爱心中的智慧　"一切有为法，如梦幻泡影，如露亦如电"和第八句无区别！

革　永　跟一把：机遇瞬于生命，依于践行；德为富于生命，勤在远行。

致　远　一个人远离或背叛了忠实，行将步入穷途末路，其生命将会黯淡无光。

禾火子　上天的运气＝机会＋把握机会的能力。

和颜爱语　真有点孤陋寡闻，此前竟不知道这个雅典剧作大家。索福克勒斯一生写了 123 部剧本，留下了许多社会演变中的故事。同时，他还具有音乐、舞蹈天赋，亦有不俗的政治、军事才能。

米小曙　"凡事一无所知，人生最幸福甜蜜。"换句话说，这世上的人无非两种，一种是痛苦的哲学家，一种是快乐的猪。😁

建　方　雅典剧作家说："一切努力都取决于掌握时机。"事实上，这个世界从来就不缺少机会，真正缺少的是发现机会的敏锐眼光和把握机会的睿智心灵。能干的人，就是善于发现机会、运用机会、驾驭机会为自己服务的人。

绿之梦　人生仅仅停留在追求物质和金钱的层面，最终是空幻的、虚无的；一生为了国家和人民而努力，则是充实的、有意义的。

●●●●○ Mobile 📶　　　　12:00 AM　　　　100% 🔋

苏格拉底 [古希腊]

1 不要靠馈赠去获得朋友。你须贡献你诚挚的爱，学会怎样用正当的方法来赢得一个人的心。

2 知足是天然的财富，奢侈是人为的贫穷。

3 谦逊是藏于土中甜美的根，所有崇高的美德由此发芽滋长。

4 最有希望的成功者，并不是才干出众的人而是那些最善于利用每一时机去发掘开拓的人。

5 世界上最快乐的事，莫过于为理想而奋斗。

6 在这个世界上，除了阳光、空气、水和笑容，我们还需要什么呢！

7 人可以犯错，但是不可犯同一个错。

8 逆境是磨炼人的最高学府。

9 教育不是灌输，而是点燃火焰。

10 每个人身上都有太阳，主要是如何让它发光。

苏格拉底（Socrates，约公元前 469—约公元前 399 年），古希腊时期的思想家、哲学家和教育家，出生于古希腊伯里克利统治的雅典黄金时期。苏格拉底一生未曾著述，其言论和思想多见于其学生柏拉图和哲学家色诺芬的著作。苏格拉底、柏拉图和亚里士多德奠定了西方哲学的基础，史称"希腊三贤"。

苏格拉底

微言微语

雲中君 柏拉图问苏格拉底什么是爱情？苏让他去麦田里摘最大最好的麦穗，只允许摘一次，不能回头摘。柏空手而归。苏问："为什么？"柏叹气道："开始看见一株不错的，却不知是否最好，想看更好的，越走越发觉不如以前的好，所以没摘；走到尽头才发觉最大最好的麦穗早已错过，只好空手而归！"苏意味深长地说："这就是爱情！"

厚德载物 在这个世界上，一帆风顺的人几乎没有。谁都可能遇到逆境。关键是当你面临逆境时，你以怎样的心态对待它以及是否挺得住。梅花因为拥有乐观、平和的心态和坚韧的意志、毅力，方能在三九严寒中绽放。

大梦千年 一个好女人能把男人变成快乐的人，一个坏女人能把男人变成哲学家。😋

凡 尘 @大梦千年：苏格拉底一定是碰到了一个坏女人！🙄

和颜爱语 在"最高学府"——"逆境"中磨炼生长，为"最快乐的事"——"理想"而不偷生，不仅成就了自己的不朽，而且引导出学生及学生的学生的不朽，一脉三杰，亘古未有！👍

建 方 苏格拉底把研究自然转向研究自我，他认为对于自然的真理的追求是无穷无尽的，要追求一种不变的、确定的、永恒的真理，就不能求诸自然外界，而要返求于己，研究自我。苏格拉底为哲学开创了一个新的领域，使哲学"从天上回到了人间"，在哲学史上具有伟大的意义。

星月夜 一颗俗人心"五斗米"就可以换来，一颗赤子之心只有真诚才可赢得！

爱心中的智慧 这个世界上最珍贵的往往都是免费的，如阳光、空气、大爱……

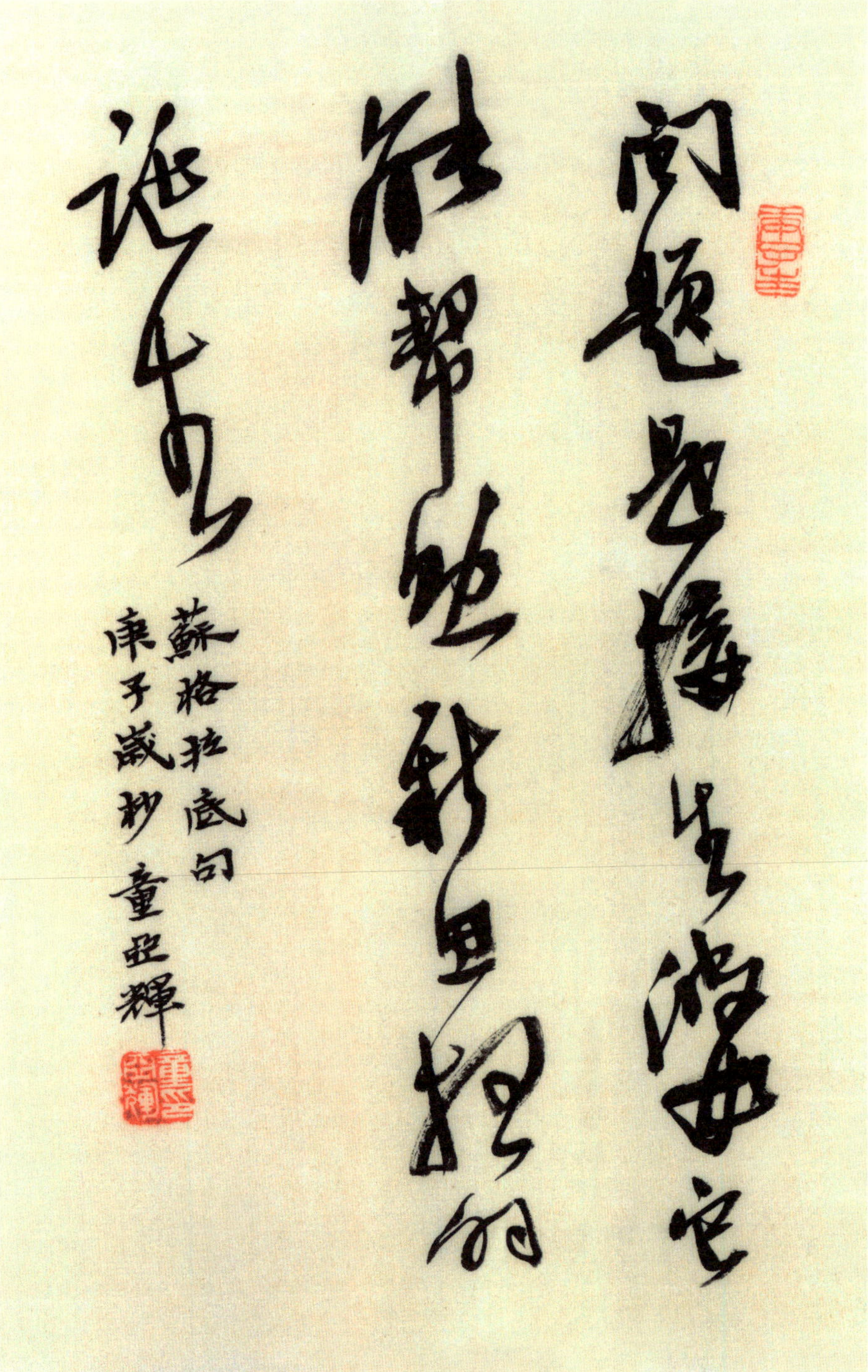

内题是增生海宫
能帮她新里相助
诺无

苏格拉底句
庚子岁抄
童亚辉

童亚辉

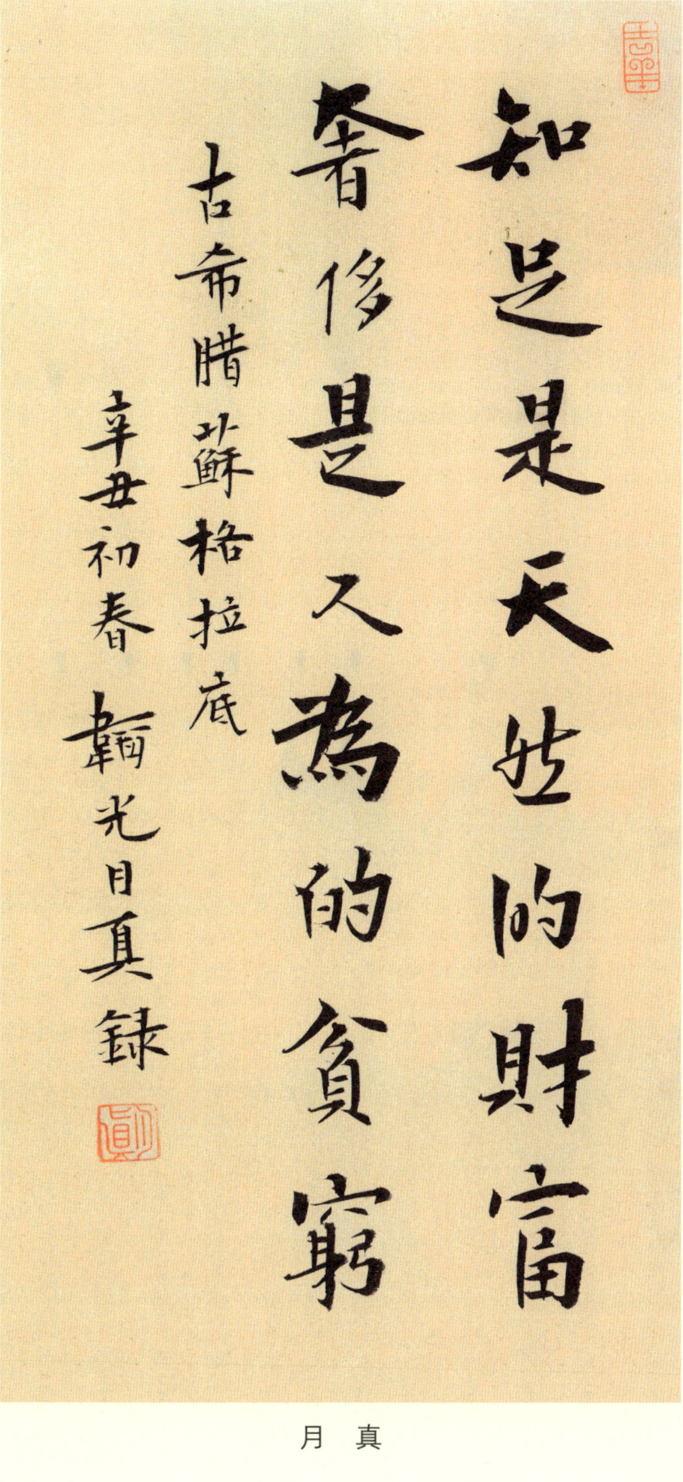

知足是天然的財富

奢修是人為的貧窮

古希腊苏格拉底

辛丑初春 翰光日真录

月　真

○○○○○ Mobile 📶　　　12:00 AM　　　100% ▭

柏拉图 [古希腊]

1. 生活中若没有朋友，就像万物没有阳光一样。

2. 人生的态度是，抱最大的希望，尽最大的努力，做最坏的打算。

3. 我们一直寻找的却是自己原来早已拥有的；我们总是东张西望，唯独漏了自己想要的，这就是我们至今难以如愿以偿的原因。

4. 良好的开端是成功的一半。

5. 灵魂是一驾马车，御车人驾驭这车并不容易，因为拉车的两匹马之中一匹温顺，一匹顽劣。

6. 思想如钻子，必须集中在一点钻下去才有力量。

7. 人类就像一群被困在洞穴中的囚徒，手脚被绑着面朝洞穴墙壁，不能回头看外面真实的世界，看到的只是外界物体投在墙壁上的影子，而不是物体本身，却误把这些影子当成一种真实存在。

8. 教育的目标是教会我们爱美。

9. 法律是一切人类智慧聪明的结晶，包括一切社会思想和道德。

10. 我们应该尽量使孩子们开始听到的一些故事必定是有道德影响的最好的一课。

柏拉图（Platon，公元前 427—公元前 347 年），古希腊哲学家，苏格拉底的弟子、亚里士多德的老师。柏拉图的作品形成了庞大的理念论哲学体系，作品有《柏拉图全集》，其中的代表作有《理想国》《会饮篇》《斐多篇》等。柏拉图同苏格拉底以及亚里士多德一起奠定了西方哲学的基础，史称"希腊三贤"。

柏拉图

微言微语

Bright 胡 以前听说过柏拉图式的爱情，不能完全明白，今天算是深入理解一回！

致 远 通过洞穴隐喻，柏拉图鼓励人们透过表象看事物的本质，走出洞穴，获得智慧。

厚德载物 古今中外，多少名人贤士赞美友情、颂扬友情，强调朋友之于人生的珍贵。在我看来，柏拉图的论述无疑是最精辟、最到位的！生活中没有朋友，就像春天没有雨水一样；"生活中若没有朋友，就像万物没有阳光一样"。❤

建 方 柏拉图和老师苏格拉底、学生亚里士多德并称为希腊三大哲学家。柏拉图最早提出审美感官（视觉和听觉）和非审美感官（味觉），他是西方客观唯心主义的创始人。

米小曙 柏拉图把灵魂想象成马车，据说弗洛伊德受这一观点启发，提出了潜意识学说。

乐陶陶 柏拉图是西方教育史上第一个提出完整的学期教育思想并建立完整教育体系的人。

宇 宁 知足知不足是中国传统哲学教我们做人做事的大智慧，柏拉图的名言表明，中西文化在这点上是相通相融的。

绿之梦 择邻而居，择善而交。诚挚相交的朋友难觅，精神与思想交融的朋友更难寻。我们要珍惜如阳光般照亮自己、温暖自己的朋友。

和颜爱语 柏拉图上承苏格拉底，下传亚里士多德，留下了柏拉图式爱情、柏拉图式国家（乌托邦）、柏拉图式学院、柏拉图式哲学，百年出一个，千年还有影响。

●●●●○ Mobile 🛜　　　　12:00 AM　　　　100% ▬

亚里士多德 [古希腊]

1 吾爱吾师，吾更爱真理。

2 每天反复做的事造就了我们，然后你会发现，优秀不是一种行为，而是一种习惯。

3 最大的荣誉是保卫祖国的荣誉。

4 最明晰的风格是由普通语言形成的。

5 最易于使人衰竭，最易于损害一个人的，莫过于长期不从事体力活动。

6 遵照道德准则生活就是幸福的生活。

7 德可以分为两种：一种是智慧的德，另一种是行为的德。前者是从学习中得来的，后者是从实践中得来的。

8 教育并不能改变人性，只能改良人性。

9 对上级谦恭是本分，对平辈谦逊是和善，对下级谦逊是高贵，对所有的人谦逊是安全。

10 知识是为老年准备的最好的食粮。

亚里士多德（Aristotle，公元前 384—公元前 322 年），古希腊哲学家，柏拉图的学生、亚历山大大帝的老师。亚里士多德是经验论者，著述浩繁，形成了庞大的知识体系，包括形而上学、逻辑学、伦理学、政治学、物理学、生物学、文学等，后人将其作品整理成《亚里士多德全集》，代表作有《工具论》《形而上学》《尼各马可伦理学》等。

亚里士多德

微言微语

星月夜　越是有能力的人越懂得谦恭，因为他的强大已经超越了自我证明，就像越是饱满的稻穗越是垂下来的。自大无非是虚荣心的外现。

米小曙　教育不是万能的，缺乏教育是万万不能的。

湖　波　亚里士多德是不是"三好学生"的发明者？

致　远　武将不怕死，文官不爱财，国民有血性，人人都崇尚保家卫国。

琼　飞　知识能益寿延年，有大智慧的人普遍长寿！

爱心中的智慧　据说，智者就是懂得世界上的事、永远难以如愿以偿的人。

建　方　亚里士多德的许多思想，今天看来仍然具有时效性，如"立法者应该把主要精力放在教育青年上，忽视教育必然危及国本"。这关于教育的思想显然是超前的，因为在他生活的年代还没有公共教育。

乐陶陶　"遵照道德准则生活就是幸福的生活，幸福就是至善，幸福在于自主自足之中，幸福属于满足的人们……教育的根是苦的，但其果实是甜的"。

深水静流　知识＋阅历＝智慧。

和颜爱语　知识是老年最好的食粮，更是少年成长的基石、青年发展的阶梯、中年成熟的标志！

●●●●○ Mobile 🛜　　　12:00 AM　　　100% ▭

西塞罗 [古罗马]

1　修养之于心地，其重要犹如食物之于身体。

2　习惯能造就第二天性。

3　没有书籍的屋子如同没有灵魂的肉体。

4　历史是时代的见证、真理的火炬、记忆的生命、生活的老师和古人的使者。

5　哲学是一切艺术之母。

6　受惠的人必须把那恩惠常藏心底，但是施恩的人则不可记住它。

7　荣誉像影子一样紧跟着美德。

8　世界上没有比友谊更美丽、更会令人愉快的东西了，没有友谊，世界仿佛失去了太阳。

9　闲暇不是心灵的充实，而是为了心灵得到休息。

10　自己先做一个好人，然后找和你相仿的人做你的朋友。能如此，友谊才能稳固地成长。

西塞罗（Cicero，公元前 106—公元前 43 年），古罗马著名政治家、演说家、雄辩家、法学家和哲学家。出身于古罗马的奴隶主骑士家庭，以善于雄辩而成为罗马政治舞台上的显要人物。其政治法律思想主要集中体现在他所著的《论国家》和《论法律》当中。

西塞罗

♡ 赞

💬 微言微语

爱心中的智慧　物以类聚，人以群分，人生得一知己足矣！

战神的和尚　我现在最需要的就是心灵得到休息。😄

和颜爱语　王阳明的"此心光明，亦复何言"穿透历史，光泽人心；西塞罗强调，修养重在"修心"，"修心"犹如食物对人之重要。中外历史表明，养心修心、不忘初心是人生大事。

彼　岸　"受惠的人必须把那恩惠常藏心底"，这是为人之本，也是快乐之基。

沧海一舟　古往今来，五湖四海；古为今用，洋为中用。

乐陶陶　西塞罗生前坚持"法律的意义在于对所有的人适用和有效"，死时却如此悲惨，耐人寻味……

尚　舟　哲学是一切艺术之母，这是对艺术的大彻大悟。尽管艺术种类多种多样，表现形式也千差万别，但都是人们对客观世界的反映。

厚德载物　西塞罗是古罗马时代的天才人物、现代政府学说的重要创始人。彼特拉克在 14 世纪重新发现了西塞罗的书信，有学者经过深入研究认为，文艺复兴在本质上是对西塞罗的复兴。西塞罗的影响在启蒙时代达到了顶峰，受其政治哲学影响的人有洛克、休谟、孟德斯鸠等哲学家。美国国父亚当斯、汉密尔顿等人也常在作品中引用西塞罗的作品。西塞罗的友谊观值得称赞！👍

●●●●○ Mobile 📶　　　　12:00 AM　　　　100% ▭

恺撒 ［古罗马］

1 吾来，吾见，吾征服！

2 传播知识远比开拓罗马的疆域更伟大。

3 懦夫在未死之前已身历多次死亡的恐怖了。

4 年轻的时候，日短年长；年老的时候，年短日长。

5 你即使是收获了全世界，如果没有人与你分享，你将倍感凄凉。

6 人出于本性，往往更加相信和畏惧没有见过、隐秘陌生的东西。

7 人之大敌，往往藏匿于最不可能发现之处。

8 找到你的敌人，你才能安全！

9 唯一好的是知识，唯一坏的是无知。

10 经验是一切的老师。

盖乌斯·尤利乌斯·恺撒（Gaius Julius Caesar，公元前 102—公元前 44 年），史称恺撒大帝，罗马共和国末期杰出的军事统帅、政治家，以其卓越的才能成为罗马帝国的奠基者。

恺撒

♡ 赞

微言微语

和颜爱语　恺撒强调"收获"与"分享"，中国古人强调"舍"与"得"，中外呼应。人生既是一个"收获""取得"的过程，也是一个"分享""放舍"的过程。

禾火子　读万卷书，行万里路，经验源于实践，中外如一。

建　方　恺撒有着极其出色的军事和政治才能，在当时的罗马他是英雄，被人敬仰。他善于拉拢人心，审时度势，对自己有足够清醒的认识，知道如何去实现理想，并坚定不移地为理想而努力着。

乐陶陶　"吾来，吾见，吾征服！"牛！霸气！恺撒改变了历史，也让世界记住了他的名字！👍

致　远　盖世必有非常之人，然后有非常之事；有非常之事，然后有非常之功。非常者，固常人之所异也。

远　方　恺撒就是"非常之人成就了非常之事"的人。

深水静流　想起罗马帝国的荣光，屋大维、埃及艳后、俄狄浦斯……

雲中君　人不管是谁都无法看清现实中的一切，大多数人只希望看到自己想看到的和想要的现实而已。

云深处　要成为一位领导者，必须具备以下五种品质：智慧、说服力、忍耐力、自控力和坚强的意志。唯有恺撒拥有全部的特质。（意大利高中教科书）

●●●●○ Mobile 🛜　　　　12:00 AM　　　　　100% ▭

维吉尔 [古罗马]

1 人们对一切都会厌倦，除了对理解。

2 命运永远走它自己的路途。

3 命运喜欢光顾勇敢的人。

4 让每个人都把希望寄托在自己身上。

5 没有力量，你保护不了任何东西，甚至你自己。

6 为了黄金，人什么都做得出来，呵，该诅咒的黄金欲！

7 顽强的劳动战胜一切。

8 他们之所以做得到，就因为他们认为他们能够做到。

9 所有的邪恶中，谣言散播最快。随着速度的加快更加激烈，随着散播面的扩展更有精力。

10 爱神能征服一切，我们还是向爱神屈服吧！

维吉尔（Vergilius，公元前 70—公元前 19 年），奥古斯都时代的古罗马诗人，被罗马人奉为国民诗人，也被后世认为是古罗马最伟大的诗人。代表作有《牧歌集》《埃涅阿斯纪》等，其中《埃涅阿斯纪》长达十二册，代表着罗马帝国文学的最高成就。

维吉尔

♡ 赞

微言微语

明　杰　生活只有两种选择：重新出发，做自己生命的主角；抑或停留在原地，做别人的配角。

君　君　一个有信念者所产生的力量大于 99 个只有兴趣者所产生的力量。

绿之梦　从某种程度上说，人性是贪婪的。诗人所处的罗马时代对黄金的追求导致杀戮，现代人对物质的过度追求使自然环境已无法承重，水、土、空气都失去它原有的纯净了。

和颜爱语　命运走它自己的路途，把希望寄托在自己身上，做人生的主人，做命运的探索者。

沧海一舟　小学和中学时代都有过摘抄名人名言的经历。这些都是智慧之光、道德之光、语言之华。但是，需要后人不断地领悟、创新和践行，以展示其与时俱进、隽永不朽的品格和魅力。

小　路　但丁《神曲》中的引路人。"顽强的劳动征服一切"，这句表现了他独特的关于古典命运问题的看法，既不是希腊式的宿命论，也不是完全的自由意志，惊艳的平衡感铸就了他不朽的名声。

爱心中的智慧　信心是成功的充分必要条件！✊

●●●●○ Mobile 📶　　12:00 AM　　100% ▭

穆罕默德 ［阿拉伯］

1 教育孩子一次强于施粮一升。

2 愚昧是最卑贱的贫穷，智慧是最宝贵的财富，骄傲是最令人难受的孤独。

3 求学从摇篮到坟墓。

4 孝敬父母者必会得到子女的孝顺。

5 宽恕人者愈高贵，虚心者愈进步，施济者愈富有。

6 交人不亏、谈话无欺、结约不爽者，才是人格高尚、道德显著、宜当为友的人。

7 假如你有两块面包，请你用一块换一朵水仙花。

8 热爱祖国是信仰的一部分。

9 胃是百病之府，重食是百病之根，节食是百药之首。

10 不能以钱广济人，可用美德广济人。

穆罕默德（Muhammad，约公元 570—公元 632 年），政治家、宗教领袖，伊斯兰先知，被穆斯林认为是安拉派遣到人间的最后一位使者，享年 63 岁，葬于麦地那。

穆罕默德

♡ 赞

微言微语

乐陶陶 "热爱祖国是信仰的一部分"。爱国不仅是责任，而且是立身之本。一个对自己的祖国都不热爱的人怎么会爱工作、爱家人、爱周围的一切呢？自身的存在感、幸福感又从何而来呢？

莹 子 坚持就是一种美德！👍

致 远 学高为师，德高为范，高山仰止，景行行止。🌹

和颜爱语 穆罕默德说：求学从摇篮到坟墓。周总理说：活到老，学到老，改造到老。中西呼应，照鉴人心。

桔 子 用美德广济人。确实！

爱心中的智慧 @莹子：诚信也是一种美德。🙂

飞 花 活到老，学到老。人类的伟大思想往往相通。

小 路 包容、善于学习永不过时。

大 雁 "节食是健康之根"，几千年的智慧到现在不但没有失效，反而更加深刻了，食物充足年代更要重视节制。

●●●●○ Mobile 🛜　　　12:00 AM　　　100% ▬

但丁 [意]

1　走自己的路，让别人去说吧！

2　语言作为工具，对于我们之重要，正如骏马对骑士的重要。最好的骏马适合于最好的骑士，最好的语言适合于最好的思想。

3　一个知识有缺陷的人可以用道德去弥补，而一个道德有缺陷的人却难以用知识去弥补。

4　我们唯一的悲哀是生活于愿望之中而没有希望。

5　通向荣誉的道路上并非铺满鲜花。

6　怀疑有如草木之芽，从真理之根萌生。

7　爱是美德的种子。

8　骄傲、嫉妒、贪婪是三个火星，它们使人心爆炸。

9　一个人坐在绒毯之上、困在绸被之下，是绝对不会成名的；无声无息度一生，好比空中烟，水面泡，他在地球上的痕迹顷刻就消灭了。

10　我崇拜勇气、坚忍和信心，因为它们一直助我应付我在尘世生活中所遇到的困境。

但丁（Dante，1265—1321年），意大利诗人，现代意大利语的奠基者，文艺复兴先驱，以长诗《神曲》留名后世。恩格斯评价其为："中世纪最后一位诗人，同时又是新时代的最初一位诗人。"

但丁

♡ 赞

💬 微言微语

先　赐　勇气、坚忍、信心可帮助人们赢得成绩。

致　远　立身处世德为先。德高才厚是圣人，德高学浅是君子，做圣人不成，做君子不亦乐乎？

和颜爱语　走自己的路，让别人说去吧！✊

深水静流　@和颜爱语：要选对自己的路，跟对人，兼听别人的话，这可能是生活的真谛！😄

爱心中的智慧　彼岸就在眼前，谁走谁知道。

木　子　希望是在拼搏之后才会有的，即便没有成功，也了无遗憾。

星月夜　没有作为，甘于空老林泉之下，有如风过树梢，没有留下任何痕迹。何必来这世上走一遭呢？

小　路　即使历史上最伟大的诗人，也要深入地狱去挖掘智慧的源泉，在苦难最深重的地方也往往孕育着最真实的善。

大　雁　深夜读但丁，内心越发坦荡。

玉　丫　希望是力量之源，不管处境如何，永抱希望之光，必能一路前行。

●●●●○ Mobile 📶　　　12:00 AM　　　100% ▬

 # 达·芬奇 [意]

1 勤劳一日，可得一夜安眠；勤劳一生，可得幸福长眠。

2 一幅画中最白的地方像宝石那样可贵。

3 运动是一切生命的源泉。

4 真理只有一个，它不在宗教中，而是在科学中。

5 水若停滞即失其纯洁，心不活动精气立消。

6 你不见美貌的青年穿戴过分反而折损了他们的美么？你不见穿着朴素无华的山村妇女反比盛装的妇女美得多么？

7 真理是时间的女儿。

8 人的智慧不用就会枯萎。

9 荣誉在于劳动的双手。

10 眼睛是心灵的窗户。

列奥纳多·达·芬奇（Leonardo Da Vinci，1452—1519年），意大利文艺复兴时期天才式的人物，画家、科学家、发明家。他保存下来的手稿大约有6000页，代表画作有《蒙娜丽莎》《最后的晚餐》等。

达·芬奇

微言微语

丽　宣　第二句是留白的艺术。

丽　雅　崇尚天然去雕饰的自然之美，过多装饰、包装只会让人的关注点在饰物上而非本身。更崇尚腹有诗书气自华的气质！

Bright 胡　是不是勤劳造就了达·芬奇？这与爱因斯坦颇有相似之处啊！

星月夜　一幅画中空白的地方像宝石那么可贵。一幅画，不是越饱满地表达就越丰富，就好像生活不是越繁忙才越美好。紧张后的放松、忙碌中的空闲、名利场中的自我回归、绚丽之后的平淡，都像宝石一样可贵。

深水静流　南宋画家马远《寒江独钓图》就有第二句之意境。渔翁在舟中垂钓，整幅画中没有一丝水，而让人感到烟波浩渺，满幅皆水。此时无声胜有声！达·芬奇可能见过此画！😄

厚德载物　动是态，动是势，动是能，动是根本！运动是能量之源，万事万物变化发展的根本。水若停滞则失去纯洁，心不活动则精气立消，人的智慧不用就会枯萎！达·芬奇所要表达的和中国名言"流水不腐，户枢不蠹"所指的是同一种思想！

清浅时光　人类历史上最牛的跨界人，毕其一生在真与美的路上不懈追求。

爱心中的智慧　达·芬奇不仅擅长绘画，而且在天文地理、医学解剖、哲学、音乐等方面也颇有成就，终于知道什么叫天才！👍

爱心中的智慧　@Bright 胡：达·芬奇的智商应该远超爱因斯坦！

志　平　画中留白最重要，就像工作中的休息、生活中自己的专属空间一样！这比宝石更珍贵！

●●●●○ Mobile 📶　　　12:00 AM　　　100% 🔋

拉伯雷 [法]

1 生活是一面镜子，你对它笑，它就对你笑，你对它哭，它就对你哭。

2 人和人之间，最痛心的事莫过于在你认为理应获得善意和友谊的地方，却遭受了烦扰和损害。

3 健康是我们的生命。没有健康，生活就不等于生活，就等于生而不活；没有健康，生活就只是憔悴；活着也等于死亡。

4 在病人即将痊愈时，请来的医生是幸运的。

5 自我感觉就是人的价值。

6 有坚定的信心的人才能达到目的。

7 没有良心的人等于一无所有。

8 肚子是最准确的时钟。

9 大众需要的是最平庸的人。

10 智慧不属于恶毒的心灵，没有良心的科学只是灵魂的毁灭。

弗朗索瓦·拉伯雷（François Rabelais，约 1493—1553 年），法国文艺复兴时期作家，人文主义的代表。主要著作有长篇小说《巨人传》。

拉伯雷

♡ 赞

微言微语

绿之梦　拉伯雷非常形象地指出了活着的人正确对待生活应持有的态度。

初　心　发现真理的人会被记住，但永远不要忘记在黑暗中探求真理的无名人。

飞　花　善于把握时机、创造机遇是多么重要啊！

星月夜　人生不如意之事十有八九。唯有坚强面对，挺膺负责，方有成事之可能。

勤　娟　笑比哭好！但哭某种程度上能排解忧郁，忍不住时想哭就哭吧，擦干眼泪再照镜子，生活终将灿烂。

水享安人　如果说生活像一面镜子，那么日子就如一杯开水，放一瓢盐就会变咸，加一勺糖就会变甜。可见，人生的苦与乐很大程度上取决于自己如何调剂。😄

和颜爱语　自己的生活自己做主，或笑或哭，或爱或恨，或喜或悲，或进或退，或成或败，都是一面镜子。

爱心中的智慧　人的内心世界更是一面镜子，虽幻化万千，但究竟是虚而非真！

致　远　没有良心的科学只是灵魂的毁灭，当核技术、基因工程、智能机器人被用于战争、征服时，人类文明离毁灭也就不远了。由此看来，科学是把双刃剑，既可造福，也可造恶。

绿之梦　@ 爱心中的智慧：唯物主义不是这么认为的。

●●●●○ Mobile 📶　　　　12:00 AM　　　　100% ▭

塞万提斯 [西班牙]

1 在背后称赞我们的人，就是我们的良友。

2 名誉和美德是心灵的装饰，要没有它，那肉体虽然真美，也不应该认为美。

3 重要的不在于你是谁生的，而在于你跟谁交朋友。

4 取道于"等一等"之路，走进去的只能是"永不"之室。

5 历史孕育了真理，它能和时间抗衡，把遗闻旧事保藏下来。它是往昔的迹象、当代的鉴戒、后世的教训。

6 说话不考虑等于射击不瞄准。

7 真正的友谊是不多心的。

8 诚实人说的话像他的抵押品那样可靠。

9 血统是从上代传袭的，美德是自己培养的；美德有本身的价值，血统只是借光。

10 猫儿被围赶得走投无路，也会变成狮子。

塞万提斯（Cervantes，1547—1616年），西班牙小说家、戏剧家、诗人，被誉为西班牙文学世界里最伟大的作家，其代表作《堂吉诃德》被认为是文学史上的第一部现代小说。

塞万提斯

♡ 赞

微言微语

潇　潇　虽然"等一等"可能等来"永不"，但中国也有一句话，欲速则不达。

星月夜　喜欢第十句。丰功伟业往往都是逼出来的，这或许也就是养尊处优的人没出息的原因之一。

星　星　评第三句：在我们这片土壤上，你的出生很重要。但可喜的是，它越来越没那么重要了，这让我们看到希望。

明　杰　不要妄想试图改变谁，因为谁也改变不了谁，只有他愿不愿意为你改变。

稻穗成熟　真正的友谊是心有灵犀、默默祝福、雪中送炭，而不是貌合神离、人云亦云。

致　远　以铜为鉴，可以正衣冠；以人为鉴，可以明得失；以史为鉴，可以知兴替。人们在历史长河中奔走，历史在演绎昨天的故事。

爱心中的智慧　人品是最有效的风控！😁

和颜爱语　当过兵，打过仗，左手伤残，当过俘虏，多次入狱，不仅留下了许多名言佳句，而且根据自己的被俘经历写成文学名著《堂吉诃德》，实在令人敬佩。👍

绿之梦　反之，在背后抨击、诋毁我们的人，就是我们的敌人。

○○○○○ Mobile 📶　　　12:00 AM　　　100% ▭

培根 [英]

1　一次不公正的审判胜过十次犯罪。

2　读史使人明智，读诗使人聪慧，演算使人精密，哲理使人深刻，伦理学使人有修养，逻辑修辞使人善辩。

3　一个人从另一个人的诤言中所得来的光明比从他自己的理解力、判断力中所得出的光明更是干净纯粹。

4　如果把快乐告诉一个朋友，你将得到两份快乐，而如果你把忧愁向一个朋友倾吐，你将被分掉一半忧愁。

5　有些书只需品尝，有些需要吞咽，还有少数的应该细嚼。

6　如果你考虑两遍以后再说，那你说得一定比原来好一倍。

7　在人类历史的长河中，真理因为像黄金一样重，总是沉于河底而很难被人发现；相反，那些牛粪一样轻的谬误倒漂浮在上面到处泛滥。

8　相貌的美高于色泽的美，而秀雅合适的动作的美又高于相貌的美，这是美的精华。

9　金钱是品德的行李，是走向美德的一大障碍；因财富之于品德，正如军队与辎重一样，没有它不行，有了它又妨碍前进，有时甚至因为照顾它反而丧失了胜利。

10　除了知识和学问之外，世上没有任何其他力量能在人的精神和心灵中，在人的思想、想象、见解和信仰中建立起统治和权威。

弗兰西斯·培根(Francis Bacon，1561—1626年)，英国近代经验论哲学家、科学家，被马克思称为"英国唯物主义和整个现代实验科学的真正始祖"。他试图通过分析和确定科学的一般方法，给予新科学以发展的动力和方向，代表作有《新工具》《论人类的知识》等。

培根

微言微语

爱心中的智慧 哲学思维和科学思维有一个共同的前提，那就是承认世界的无知。所以雅斯贝尔斯说："凡相信理解一切事物的人，就不再进行哲学思考；而误将科学见识当作存在的人，就已屈服于迷信。"可以这样说，哲学与科学才是人类前行的终极动力。

福　东 第五话说了读书之法，即精读与粗读相结合。

致　远 @福东：公平正义终会战胜邪恶，况且还有广大民意作后盾呢？

爱心中的智慧 @致远：民意不等同于法律。

致　远 @爱心中的智慧：民意不可违呀，弄不好，香港大法官也得待岗了。

宇　宁 看来培根也是主张讷于言敏于行的。

建　方 英国哲学家培根在《论友谊》这篇随笔中写道："如果你把快乐告诉一个朋友，你将得到两份快乐，而如果你把忧愁向一个朋友倾吐，你将被分掉一半忧愁。"这说明在我们的生活中，朋友是必不可少的。真正的朋友是可以倾诉，可以依赖，可以寻求帮助的，所以要倍加珍惜朋友。

大梦千年 我们需要一个行之有效的范式来了解我们在这世界上的存在范式，但危险在于我们可能把自己困在范式之中。正如爱因斯坦所说，"你不能用导致问题的思维再去解决这个问题"，要想改变游戏规则，我们必须跳出我们熟悉的游戏。

●●●●○ Mobile 📶　　　12:00 AM　　　　100% ▭

伽利略 ［意］

1　生命有如铁砧，愈被敲打，愈能发出火花。

2　一切推理都必须从观察与实验中得来。

3　真理就是具备这样的力量，你越是想要攻击它，你的攻击就愈加充实和证明了它。

4　追求科学需要有特殊的勇敢，思考是人类最大的快乐。

5　你无法教别人任何东西，你只能帮助别人发现一些东西。

6　科学不是一个人的事业。

7　测量一切可测之物，并把不可测的变为可测。

8　世界是一本以数学语言写成的书。

9　科学的真理不应在古代圣人的蒙着灰尘的书上去找，而应该在实验中和以实验为基础的理论中去找。真正的哲学是写在那本经常在我们眼前打开着的最伟大的书里面的。这本书就是宇宙，就是自然本身，人们必须去读它。

10　科学的惟一目的是减轻人类生存的苦难，科学家应为大多数人着想。

伽利略（Galileo Galilei，1564—1642 年），意大利数学家、物理学家、天文学家，科学革命的先驱。伽利略发明了摆针和温度计，是近代实验科学与机械唯物主义的奠基人之一，在力学、天文学、实验科学和哲学上都作出了重大贡献。

伽利略

微言微语

乐陶陶 "你无法教别人任何东西，你只能帮助别人发现一些东西"，大学更是如此，老师应该学会和学生平等分享、讨论，引导学生通过实践，遇见最好的自己！

华 坤 追求科学需要特殊的勇敢，是伽利略一生的写照，是指针、是宣言、更是品质。

闪 人 科学旨在探索解密规律，但掌握和使用科学的人必须遵循伦理价值。

大梦千年 伽利略是典型理科男，属于撸起袖子加油干、实干兴邦的代表。他最先将古代分离的学者传统和工匠传统结合起来，建立了实验—数学法，并为牛顿所继承和发展。在他的经典名言中，出现得最多的几个关键词是科学、勇敢、真理。

和颜爱语 真理不在权威著作中，而在无字书中。人生积累既要读有字之书，也要读无字之书；既要向名人学习，也要向身边事民间人学习。

丁 丁 科学不是一个人的事业，学习研究也不是一个人的事业，文化自信也不是一个人的事业！

爱心中的智慧 伽利略用数学方法和逻辑体系把宇宙间的运动统一起来，深刻改变了人们认识世界的角度和方式。

尚 舟 世界是一本以数学语言写成的书。数字化是表，揭开万物内在密码是里。完成这本书，还要人们孜孜不倦地去努力。

凡 尘 一切科学应以实验为基础，这就是科学精神。拒绝模糊，追求实证！

●●●●○ Mobile 📶　　　12:00 AM　　　100% ▭

莎士比亚 ［英］

1 书籍是全世界的营养品，生活里没有书籍，就好像大地没有阳光；智慧里没有书籍，就好像鸟儿没有翅膀。

2 多听，少说，接受每一个人的责难，但是保留你的最后裁决。

3 不良的习惯会随时阻碍你走向成名、获利和享乐的路上去。

4 希望者，思想之母也。

5 希望是恋人的手杖，带着它前行，可以对抗自觉绝望的思想。

6 一个骄傲的人，结果总是在骄傲里毁灭了自己。

7 爱情不是花荫下的甜言，不是桃花源中的密语，不是轻绵的眼泪，更不是死硬的强迫，爱情是建立在共同的基础上的。

8 放弃时间的人，时间也放弃他。

9 庄严的大海产生蛟龙和鲸鲵，清浅的小河里只有一些供鼎俎的美味的鱼虾。

10 一个本领超群的人，必须在一群劲敌面前，才能够显出他不同凡俗的身手。

威廉·莎士比亚（William Shakespeare，1564—1616 年），英国文艺复兴时期杰出的戏剧家和诗人，著有《哈姆雷特》《威尼斯商人》等。莎士比亚是历史上最伟大的作家之一，与古希腊三大悲剧家埃斯库罗斯、索福克勒斯及欧里庇得斯合称戏剧史上四大悲剧家。4 月 23 日是莎士比亚的辞世纪念日，1995 年被联合国教科文组织定为"世界读书日"。

莎士比亚

微言微语

尚　舟　多听，少说，接受每一个人的责难，但是保留你的最后裁决。多听并不代表失去自己的判断力。

凡　尘　沙翁有没有说，爱情的共同基础是什么呢？

厚德载物　阳光和水是生命体两个最基本、最重要的物质。论重要性，在人的生活中，有什么东西可以和阳光相提并论？莎士比亚说，生活中没有书籍，就像大地没有阳光；柏拉图说，生活中没有朋友，就像万物没有阳光。以破万卷书让心灵旅行，以行万里路、阅无数人在人生旅途中觅得友情，这就是全部的人生！

孟　雪　莎翁名言第十句甚好，棋逢对手，方显实力。书海浩阔，现代人生活节奏快，无法一一阅尽，外国名人名言的集合本，可谓读者的福音！

大梦千年　从"一脸蠢相的流氓"到"驴脑袋"……大约 450 年前，威廉·莎士比亚就已经来到了世界，但是他懂得用当下最时髦的方式来吐槽他人。查阅沙翁简历，家道中落后，丰富的社会阅历为他作品的经典语言打下了基础。

绿之梦　戒骄戒躁，在古今中外都是颠扑不破的处世之道、为人之学。但是，实践中弃之而受伤者，甚至殒命者比比皆是。

建　方　莎士比亚的作品被译成多种文字，许多国家都读他的著作，上演他的戏剧，世代戏剧家都在研究他的作品。他的戏剧中所放射出的强烈的人文主义思想光芒及卓越而大胆的艺术技巧，早已超出了他的时代和国家的范围。在他的故居，已竖起了 200 多个国家的国旗，每一面代表一个国家翻译了他的作品。对莎士比亚的研究也成了一门学问，叫作"莎学"。

和颜爱语　小敌出小将，大敌出大将，劲敌出猛将，无敌出弱将。

●●●●○ Mobile 📶　　　12:00 AM　　　100% ▭

笛卡儿 [法]

1　尊敬别人，才能让人尊敬。

2　当我怀疑一切事物的存在时，我却不用怀疑我本身的思想，因为此时我唯一可以确定的事就是我自己思想的存在。

3　读好书，有如探访着书的先贤，同他们促膝谈心，而且是一种精湛的交谈。

4　意志、悟性、想象力以及感觉上的一切作用全由思维而来。

5　仅仅是具备出色的智力是不够的，主要的问题是如何出色地使用它。

6　愈学习，愈发现自己的无知。

7　只有服从理性，我们才能成人。

8　反对的意见在两方面对于我都有益，一方面是使我知道自己的错误，一方面是多数人看到的比一个人看到的更明白。

9　只有服从理性，我们才能成人。

10　怀疑是理性的始祖。

勒内·笛卡儿（Rene Descartes，1596—1650年），法国著名哲学家、物理学家、数学家、生理学家。笛卡儿因将几何坐标体系公式化而被认为是解析几何之父。笛卡儿是二元论的代表，留下名言"我思故我在"，提出了"普遍怀疑"的理论，是欧洲近代哲学的奠基人之一，黑格尔称他为"近代哲学之父"。

笛卡儿

💬 微言微语

湖　波　怀疑是理性的始祖。我觉得怀疑的方向应该是全方位的，所以马克思才认定怀疑一切是马克思主义的本质特征。那么从怀疑到理性，就有师承关系了。从怀疑走向理性的渐变、突变是人类认识真理的过程。从这个层面讲，笛卡儿是马克思主义哲学认识论的先导。

路　路　怀疑是理性的始祖。不墨守成规，不迷信权威。

建　方　笛卡儿认为："单有聪明才智是不够的，主要在于正确地运用才智。"也就是说，光有理性是不够的，关键在于运用理性思考进而指导行为和实践。那些杰出的人才固然能够行善，也同样可以做恶，所以要以德为先。

和颜爱语　宋皇帝赵恒："富家不用买良田，书中自有千钟粟；安居不用架高堂，书中自有黄金屋；出门莫恨无人随，书中车马多如簇；娶妻莫恨无良媒，书中自有颜如玉；男儿若遂平生志，六经勤向窗前读。"读好书，好读书，书读好，回望历史，照亮现实，走向未来。

爱心中的智慧　就真理而言，多数人看到的未必是对的！

致　远　由此看来，听得进反对意见，不仅是一种品质，更是完善自我的心路历程。

吉童妈　笛卡儿的心形线让人觉得爱可永恒，传说瑞典公主对他甚为倾慕。

米小曙　人发现自己无知，显然不是一件坏事。老外也很会正话反着说。

雲中君　笛卡儿不以教师的身份写哲学，而以发现者和探究者的姿态执笔，渴望把自己的所得传达给他人。

深水静流　笛卡儿还是二元论的代表，留下"我思故我在"，思考是唯一确定的存在。黑格尔称他为"近代哲学之父"。

●●●●○ Mobile 📶　　　12:00 AM　　　100% ▬

 # 弥尔顿 ［英］

1　心灵是一个特别的地方，在那里可以把天堂变地狱，把地狱变天堂。

2　书籍并不是没有生命的东西，它包藏着一种生命的潜力，与作者同样活跃。不仅如此，它还像一个宝瓶，把作者生机勃勃的智慧中最纯净的精华保存起来。

3　歌与诗是对天生和谐的姐妹。

4　我学到了寻求幸福的方法：限制自己的欲望，而不是设法满足它们。

5　一本好书是一个艺术大师宝贵的血液，是超越生命之外的生命，是可以铭记和珍藏的血液。

6　学会以最简单的方式生活，不要让复杂的思想破坏生活的甜美。

7　你若想证实你的坚贞，首先证实你的忠诚。

8　有多少罪孽就会有多少法律。

9　音乐中蕴藏着如此悦耳的催人奋进的力量。

10　秩序从混乱中产生了出来。

约翰·弥尔顿（John Milton，1608—1674 年），英国诗人、政论家，民主斗士。代表作有长诗《失乐园》《复乐园》和《力士参孙》。

弥尔顿

♡ 赞

微言微语

湖 波　特别喜欢第十句，充满了辩证法！👍

禾火子　大乱大治！

福 东　第八句印证了法律的滞后性。

爱心中的智慧　相由心生。世间万事万物都是心投射而产生的，故一念之间是天堂、是地狱并不奇怪；但只要知道诸法空相的本质，一切即可释然。

宇 宁　认同弥尔顿关于心灵的说法，我更喜欢把孩子的心灵看作心田。家长、老师、社会都要保护好孩子稚嫩的心田，使其免受污染与损害，我们在这方心田上播种什么就收获什么：播种善良、勤劳、勇敢，社会就多了一个既有良知又勇敢的公民，反之亦然。🧒

木 杨　一念天堂，一念地狱，好书可以让我们更多地接近天堂、远离地狱。

凡 尘　是啊，书籍是有生命的，所谓书卷多情似故人，晨昏忧乐每相亲！

乐陶陶　弥尔顿被恩格斯称为 18 世纪启蒙思想家的"老前辈"。

和颜爱语　一个爱书如命的伟大诗人，一个崇尚自由的民主斗士，从目光如炬到双目失明，留下一篇篇不朽的诗作，实乃让人敬佩！

●●●●○ Mobile 📶　　　12:00 AM　　　100% ▬

 # 莫里哀 [法]

1 每个善行都属于慈悲。一个人真正的后续财富是他今生对其同伴们所做的好事。

2 遇见通情达理的人，我们当然感到趣味无穷；遇见怪诞不经的人，我只当散心取乐。

3 对于聪明的人来说，劝告是多余的；对于愚昧的人来说，劝告是不够的。

4 快乐有人分担，也就分外快乐；一个人再怎么幸福，没有外人知道，心里也不满足。

5 爱情是一位伟大的导师，她教我们重新做人。

6 一个人严守诺言，比守卫他的财产更重要。

7 一个人在想要指责别人之前应该好好审视一下自己。

8 语言是赐予人类表达思想的工具。

9 谄媚者的艺术是：利用大人物的弱点，沿袭他们的错误，永不给予可能会使他烦恼的忠告。

10 我们的心智需要松弛，倘若不进行一些娱乐活动，精神就会垮掉。

🔊　　　　　　　　　　　　　　　😄　⊕

莫里哀（Molière，1622—1673 年），法国 17 世纪古典主义文学作家，古典主义喜剧的创建者。代表作有《无病呻吟》《伪君子》《吝啬鬼》等。

莫里哀

♡ 赞

💬 微言微语

和颜爱语	一个人真正的后续财富是他今生对其同伴们所做的好事。慈悲是德之性，是物之基，是行之向，是友之源！

星月夜　快乐是很奇妙的感受，它与一般的物质享受不同。我们越分享它越感到快乐。

大　树　正人先正己。

小　路　"爱情是伟大的导师"，这么说来，恋爱是入学，分手是辍学，结婚是毕业。嗯，那我现在的状态算是留校察看么？😈

安　静　@小路：哈哈，年轻人要多读一点书，这样才能早早"毕业"。😆

大　雁　现在文字信息的碎片化太严重了，能静心读小说的时间也越来越少了。

玉　丫　劳逸结合确有必要，如何把握也是一门艺术。

丝　带　第六句话让人想起一个成语——一诺千金。

●●●●○ Mobile 📶　　　12:00 AM　　　　100% ▭

洛克［英］

1　有健康的身体，才有健康的精神。

2　规则应该少定，一旦定下之后，就得严格遵守。

3　一个人的各种品性之中，德行是第一位的。

4　学到很多东西的诀窍，就是不要一下子学很多的东西。

5　优良的品性是真正的财富，而衬显这品性的是良好的教养。

6　抛弃今天的人不会有明天，而昨天不过是逝去的流水。

7　反复地推断，无休止地修正，就能在科学上取得毋庸置疑的进步。

8　凡是知道如何使对方感到舒畅，而自己又不至于奴颜婢膝、降低身份的人，他就可以说得到了处世的真诀，到处都会受到欢迎与重视。所以说礼貌是儿童与青年都应该特别小心地养成习惯的第一件大事。

9　礼仪的目的和作用本在使得本来的顽梗变得柔顺，使人们的气质变温和，使他敬重别人，同别人合得来。

10　接受责任的能力是衡量人的标准。

约翰·洛克（John Locke，1632—1704年），英国哲学家、政治学家，启蒙时代最具影响力的思想家，其哲学与政治学思想影响至今。主要著作有《论宽容》《政府论》《人类理解论》等。

洛克

♡ 赞

微言微语

| | 爱心中的智慧 | 身体如同房子，意识就像客房，房子舒适，住得就安逸！但房子终会有坍塌的一天，寻找新的寄宿地也就是人们常说的轮回。 |

绿之梦　潜规则更不能定，不然，会严重破坏社会秩序，阻碍进步与发展。文化思想造就潜规则，可能否说是文化思想的宿命？

致　远　当克己复礼成为社会共识时，礼仪之邦就实至名归了。

和颜爱语　洛克是权力论的开创者之一，主张对政府权力进行监督制衡，对美国政制构建有重大影响。

小　路　洛克在思想史上的地位被轻视了，真的很可惜。他的"白板说"（人的心灵是一块白板，所有的知识是通过学习获得的）到现在仍然是心理学、伦理学和哲学绕不开的话题。他的《政府论》尤其是下篇，几乎奠定了整个资本主义世界的制度基础。

易　一　洛克在《教育漫话》中主张教育应以智育、德育、体育为核心，培养有理性、有德行、有才干的绅士，万分赞同！👍

芊　语　洛克对于学习、教育提出过不少有价值的见解，至今人们仍然能从他的很多思想中汲取营养。

●●●●○ Mobile 📶　　　12:00 AM　　　100% 🔋

牛顿 [英]

1　我并无特别过人的智慧，有的只是坚持不懈的思索精力而已。

2　一个人如果控制不了自己的脾气，脾气将控制你。

3　你若想获得知识，你该下苦功；你若想获得食物，你该下苦功；你若想得到快乐，你也该下苦功，因为辛苦是获得一切的定律。

4　胜利者往往是从坚持最后五分钟的时间中得来成功。

5　我不知道世人怎样看我，但我自己以为我不过像一个在海边玩耍的孩子，不时为发现比寻常更为美丽的一块卵石或一片贝壳而沾沾自喜，至于展现在我面前的浩瀚的真理海洋，却全然没有发现。

6　愉快的生活是由愉快的思想造就的。

7　把简单的事情考虑得很复杂，可以发现新领域；把复杂的现象看得很简单，可以发现新定律。

8　如果说我看得远，那是因为我站在巨人们的肩上。

9　我可以计算出天体运行的轨迹，却无法计算出人心的疯狂。

10　有时候，爱情就像是树上的一只苹果，当你无意中散步到树下的时候，它可能一下子就掉下来砸在你的头上！

🔊 ＿＿＿＿＿＿＿＿＿＿＿＿＿　😃 ⊕

艾萨克·牛顿（Isaac Newton，1643—1727 年），英国伟大的物理学家、数学家与天文学家，其物理学成果奠定了近代物理学的基础，此外，牛顿还和莱布尼茨各自独立地发明了微积分，著有《自然哲学的数学原理》《光学》等。

牛顿

♡ 赞

💬 微言微语

和颜爱语　真理生成规律：简单—复杂—简单—复杂。把简单的事情考虑得很复杂，可以发现新领域；把复杂的现象看得很简单，可以发现新定律。

陶　子　胜利者往往是从坚持最后五分钟的时间中获得成功的——最后五分钟是通向成功的最后一公里。

致　远　在科学史上有杰出贡献的人几乎都具备既能把简单的事情考虑得很复杂，从中发现新领域，又能把复杂现象看得很简单，从中发现规律的思维品质。

爱心中的智慧　在林中连续被苹果砸中的概率有多大？

绿之梦　@ 爱心中的智慧：那是你幸运没被砸中！😊

小　路　"假如没有牛顿……"沿着这条线索思考，就会发现牛顿的与众不同。

燕　子　站在巨人的肩膀上，能够看得更远，对普通人来说也是这样。从前人的成果中学习，我们能做得更好。

指　间　牛顿有很多伟大的成就，但他并不是一开始就是一个特别出色的人，他最后能成为一个杰出的人，和他的勤奋、坚持是分不开的。👍

●●●●○ Mobile 📶　　　12:00 AM　　　100% ▭

孟德斯鸠 ［法］

1 一切有权力的人都爱滥用权力，这是万古不变的经验。防止权力滥用的办法，就是用权力约束权力。权力不受约束必然产生腐败。

2 自由不是无限制的自由，自由是一种能做法律许可的任何事的权利。

3 礼貌使有礼貌的人喜悦，也使那些受到人家礼貌相待的人们喜悦。

4 如果你仅仅想要幸福，这一点也不难；难的是我们总期望比别人幸福。

5 衡量一个人的真正品格，是看他在知道没有人会发觉的时候做什么。

6 品德应该高尚些，处世应该坦率些，举止应该礼貌些。

7 政治是一把磨钝了的锉刀，他锉着锉着，慢慢达到它的目的。

8 喜爱读书，就等于把生活中寂寞无聊的时光换成巨大享受的时刻。

9 谦虚是不可缺少的品德。

10 奢侈总是跟随着淫乱，淫乱总是跟随着奢侈。

孟德斯鸠（Montesquieu，1689—1755 年），法国启蒙时期思想家、法学家。他是西方国家学说和法学理论的奠基人，与伏尔泰、卢梭合称"法兰西启蒙运动三剑侠"。他的著述《论法的精神》对后世影响深远。

孟德斯鸠

微言微语

湖　波　西方法学思想的奠基人，对人性有着如此深入的了解！👍

尚　舟　衡量一个人的真正品格，是看他在知道没人会发觉的时候做什么——慎独。

致　远　孟德斯鸠是西方三权分立制度的鼻祖，他说的"绝对的权力导致绝对的腐败"这句话耳熟能详。

清浅时光　除了用权和法治国，原来老孟也提倡慎独。

闪　人　权力不受约束必然产生腐败，已然成为公法学者和反腐专家不争的信念。

西溪 ma　觉得每日一读十句话，成了每日一课的享受，身体和心灵总有一个在路上。❤️

爱心中的智慧　莫以善小而不为，莫以恶小而为之。这是做人的基本品格！

建　方　孟德斯鸠一生站在时代的前列，为新兴资产阶级的利益战斗着，他用自己犀利的文笔，机智而勇猛地抨击了腐朽反动的封建专制主义和宗教僧侣主义。

宇　宁　老孟还提倡读书养心。

清浅时光　@宇宁：现在全民养生，养心与养智不知道是否包含了？

绿之梦　孟男爵精准洞察权力的劣根性。

和颜爱语　孟德斯鸠可谓权力论的鼻祖。"一切有权力的人都爱滥用权力……"成为政治学的名言并被广泛使用。

●●●●○ Mobile 📶　　　　　12:00 AM　　　　　100% ▭

伏尔泰 ［法］

1　使人疲惫的不是远方的高山，而是鞋里的一粒沙子。

2　思想像胡须，不成熟就不可能长出来。

3　自尊心是个膨胀的气球，轻轻一针就刺出了大风暴。

4　当我们第一遍读一本好书的时候，我们仿佛觉得找到了一个朋友；当我们再一次读这本好书的时候，仿佛与一个老朋友重逢。

5　激情是使航船扬帆的骤风，有时也使它沉没，但没有风，船就不能前进。

6　生活是条沉船，但我们不要忘了在救生艇上高歌。

7　真理好比水果，只有熟透时才能采摘。

8　书读得越多而不加思考，你就会觉得你知道得很多；而当你读书思考得越多的时候，你就会越清楚地看到，你知道得还很少。

9　最长的莫过于时间，因为它永无穷尽；最短的也莫过于时间，因为我们所有的计划都来不及完成。

10　我可能不同意你的观点，但我誓死捍卫你说话的权利。

伏尔泰（Voltaire，1694—1778 年），法国启蒙思想家、作家、哲学家，被誉为"法兰西思想之王""欧洲的良心"。代表作有《哲学通信》《形而上学论》《老实人》等。

伏尔泰

♡ 赞

微言微语

桔 子　伏尔泰的话句句皆经典。👏

和颜爱语　伏尔泰流传最广的思想观点：我可能不同意你的观点，但我誓死捍卫你说话的权利。

致 远　"我可能不同意你的观点，但我誓死捍卫你说话的权利"，这句话多么大气，多么豪迈，多么包容，多么让人为之动容，也让多少人为之汗颜。

早早起　要实现长远的目标，必须解决好当下的问题。

入 秋　评第二句：如今这个时代，思想未必是成熟的产物了，更多的是社会深刻变革在人意识中的产物。

星月夜　不加思考的学习，就是将自己变成一个知识的容器而已。

爱心中的智慧　相对论昭示，时间不是实在本身具有的，只是人解释世界的工具。

陶 子　我不同意你的观点，但我誓死捍卫你说话的权利。从伏尔泰的这句话开始，言论自由的思想逐渐深入人心。

易 一　认识到自己无知是智慧的开始。

芊 语　在人生的道路上，需要学着把鞋里的沙子倒出来。

●●●●○ Mobile 📶　　　12:00 AM　　　100% ▭

富兰克林 [美]

① 慈爱的人应给自己保留一些缺点，以免朋友自惭形秽。

② 知足使贫穷的人富有；而贪婪使富足的人贫穷。

③ 相信金钱万能的人，往往会一切为了金钱。

④ 懒惰像生锈一样，比操劳更能消耗身体；经常用的钥匙，总是亮闪闪的。

⑤ 兄弟可能不是朋友，但朋友常常如兄弟。

⑥ 希望被人爱的人，首先要爱别人，同时要使自己可爱。

⑦ 把自己的缺点告诉你的朋友是莫大的信任，把他的缺点告诉他是更大的信任。

⑧ 人与人之间的相互关系中，对人生的幸福而言最重要的莫过于真实、诚意和廉洁。

⑨ 我未曾见过一个早起、勤奋、谨慎、诚实的人抱怨命运不好；良好的品格、优良的习惯、坚强的意志，是不会被假设所谓的命运击败的。

⑩ 保持健康，这是对自己的义务，甚至也是对社会的义务。

本杰明·富兰克林（Benjamin Franklin，1706—1790 年），美国政治家、科学家，美国独立战争时重要的领导人，参与起草了《独立宣言》和美国宪法。

富兰克林

♡ 赞

微言微语

玉 丫　干革命要有本钱，身体第一位没错！😄

早早起　在朋友面前给自己留一点缺点，这算是一种高情商吧！

于 丁　爱与被爱是相互的。播撒爱的种子，自然也会收获更多爱的回报。

小 路　"贪婪使富足的人贫穷"，这句话发人深省；可是实际生活中，人们对于富足的定义总是水涨船高。

大 雁　日复一日的懒惰会使人的上进心消磨殆尽，保持积极勤奋才是开启美好人生的关键。

指 间　真正给人带来幸福的不是金钱，而是美好的品格。

芊 语　拥有美好的品格能帮助一个人更好地面对人生中的逆境和不幸，这是品格的力量。

陶 子　生活的富足不在于他拥有多少财富，而在于他内心是否充实。

●●●●○ Mobile 📶　　　12:00 AM　　　100% ▭

卢梭 [法]

1　生活得最有意义的人，并不就是年岁活得最长的人，而是对生活最有感受的人。

2　人人都有幸福和痛苦，只不过是程度不同而已。谁遭受的痛苦最少，谁就是最幸福的人；谁感受的快乐最少，谁就是最可怜的人。

3　节约与勤勉是人类两个名医。

4　在寂寞无聊中，一个人才能感到跟有思想的人在一起生活的好处。

5　怀着善意的人，是不难于表达他对人的礼貌的。

6　当一个人一心一意做好事情的时候，他最终是必然会成功的。

7　奢侈的必然后果——风化的解体，反过来又引起了趣味的腐化。

8　悔恨在我们走好运时睡去了，但在身处逆境时能更强烈地感觉到它。

9　青年期是增长才智的时期，老年期则是运用才智的时期。

10　有些职业是这样的高尚，以致一个人如果是为了金钱而从事这些职业的话，就不能不说他是不配这些职业的；军人所从事的就是这样的职业，教师所从事的就是这样的职业。

卢梭（Rousseau，1712—1778 年），法国哲学家、文学家、教育学家，法国大革命的思想先驱。主要著作有《论人类不平等的起源和基础》《社会契约论》《爱弥儿》等。

卢梭

♡ 赞

微言微语

陶　辞　生命不在于长短，而在于活得有意义、有价值！☺

明　杰　把不忙不闲的工作做得出色，把不咸不淡的生活过得精彩。

致　远　幸福和痛苦像是一对孪生兄弟，你方唱罢我登台，这两种体验贯穿人的一生。

爱心中的智慧　世界上万事万物都躲不开成、住、坏、空这一规律，由此可见，人生最珍贵的福报是寿终正寝！

和颜爱语　节约与勤勉是人类两个名医，也是中国人的传统美德。

立立戴　生活的 10% 取决于我们如何创造，90% 取决于我们如何看待（Life is 10% how we make it，90% how we take it）。

星月夜　其实智慧的成长和运用在这个时代是同步的、相互激励增长的。这个时代给予我们的考验和历练，一年可以抵上过去的十年。

春　日　才智可以通过看书或学习得到，智慧需要人生经历的打磨。

薄　荷　卢梭的名言还有一句我很喜欢，"从造物主手里出来的都是好的，但一旦到了人的手里，就全部变成坏的了"。

●●●●○ Mobile 📶 　　　　12:00 AM　　　　　　100% ▭

狄德罗 ［法］

1　深刻的思想就像铁钉，一旦钉在脑子里，什么东西也无法把它拔出来。

2　感情淡薄使人平庸。

3　如果道德败坏了，趣味也必然会堕落。

4　精神的浩瀚、想象的活跃、心灵的勤奋：就是天才。

5　人不可孤立，孤立则危。

6　哲学是理性和科学的朋友，而神学是理性的敌人和无知的庇护者。

7　想象，这是一种特质。没有它，一个人既不能成为诗人，也不能成为哲学家、有机智的人、有理性的生物，也就不成其为人。

8　天才只可以体会，但绝不能模仿。

9　真、善、美是些十分相近的品质，在前面的两种品质之上加一些难得而出色的情状，真就显得美，善也显得美。

10　真理和美德是艺术的两个密友。你要当作家，当批评家吗？请首先做一个有道德的人。

德尼·狄德罗（Denis Diderot，1713—1784 年），法国哲学家、文学家、百科全书派代表人物，第一部法国《百科全书》的主编，作品《对自然的解释》《生理学基础》等。

狄德罗

♡ 赞

微言微语

潇 潇　想起著名的"狄德罗效应"，愈是占有愈不满足。有鉴于此，我们当学会在物质生活上的断舍离。

星月夜　成功的法则不是自己有多优秀，而是懂得如何与他人合作。只可惜这一点不是教育给我们的，而是从无数失败的故事里刨出来的。

木 木　真、善既是美的内涵，亦是美的归宿。

致 远　立身处世德为首，德高者若北辰，众星拱之。

爱心中的智慧　@潇潇：断舍离，赞一个！👍

绿之梦　历史证明，进步思想推动人类社会持续进步。思想进步让人类越来越美好，而科学进步则不一定。霍金预言科学进步可能毁灭地球。

建 军　人不可孤立地存在，人与人之间有着各种各样的关系，直接地或间接地彼此依赖而生存。人唯有在相互关系中才有生存的现实意义，而在现实中要得到社会承认需要有工作经历、家庭生活等。人正是通过被人所爱、被作为一个伙伴来对待，以及被周围的人所承认，来体验生命的喜悦和意义的。所以，只要是人，无论谁都生活在与他人相互依赖的关系中。

和颜爱语　狄德罗给平庸赋予了新内容，平庸 = 思想肤浅 + 道德败坏 + 感情淡薄 + 能力不足。

●●●●○ Mobile 🛜 　　　12:00 AM　　　100% ▰

亚当·斯密 [英]

1. 只要不违反公正的法律，那么人人都有完全的自由以自己的方式追求自己的利益。

2. 科学是热情和迷信最大的解药。

3. 包含着某些真理因素的谬误是最危险的。

4. 参与所有的博彩投机，结果你必输无赢；彩票买得越多，离你成为输家就越近。

5. 人是讨价还价的动物：其他的动物不会这样的勾当——狗是不会用自己吃的骨头去做交换的。

6. 志向的贫穷是真正贫穷的悲剧。

7. 多想别人，少想自己；节制自私，发挥仁爱，构筑完美人性。

8. 劳动是一切商品交换价值的真实尺度。

9. 人文精神是女人的善行，慷慨大方是男人的德行。

10. 说到底，文学中的不朽的东西是风格，而不是思想。

亚当·斯密（Adam Smith，1723—1790 年），英国哲学家、经济学家，西方经济学开创者，代表作为《国富论》和《道德情操论》。

亚当·斯密

♡ 赞

微言微语

星月夜　我们都知道亚当·斯密的《国富论》，却少有人知道《道德情操论》。如果仅孤立地研习前者，那潜在的危机是巨大的。

爱心中的智慧　高收益、高风险行业可以说是变相博彩，成功是小概率事件！

桔　子　包含着某些真理因素的谬误是最危险的。

木　杨　经济学鼻祖，马克思主义政治经济学的很多光辉思想可以从他这找到起源。

和颜爱语　志向的贫穷是真正贫穷的悲剧，精准扶贫重在精准扶志。

西　木　"志向的贫穷是真正贫穷的悲剧"，所谓人穷志短，经济地位低下的群体往往在各方面都处于劣势，这不是一个通过简单的励志就可以解决的问题，而是一个需要国家重视的社会问题。

春　日　亚当·斯密在《国富论》中从利己的角度出发讨论了人的经济行为，又在《道德情操论》中从利他的角度出发讨论了人的道德行为。若是忽视后者的存在，一味去追求利益，社会就会迷失方向。

芊　语　先有道德情操，后有国富。

●●●●○ Mobile 🛜　　　12:00 AM　　　100% ▰

康德 [德]

1　有两种东西，我对它们的思考越是深沉和持久，它们在我心灵中唤起的赞叹和敬畏就会越来越历久弥新，一是我们头顶浩瀚灿烂的星空，一是我们心中崇高的道德法则。

2　诚实比一切智谋更好，因为它是智谋的基本条件。

3　羞怯是大自然的某种秘密，用来抑制放纵的欲望。它顺乎自然的召唤，却永远同善、德行和谐一致。

4　遇到缺德事不立即感到厌恶，遇到美事不立即感到喜悦，谁就没有道德感，这样的人就没有良心。

5　美是道德上的善的象征。

6　良心是一种根据道德准则来判断自己的本能，它不只是一种能力，它是一种本能。

7　要评判美，就要有一个有修养的心灵。工作是使生活得到快乐的最好方法。

8　没有目标的生活，恰如没有罗盘而航行。

9　我是孤独的，我是自由的，我就是自己的帝王。

10　大海之所以伟大，除了它美丽、壮阔、坦荡外，还因为它有一种自我净化的功能。

🔊　＿＿＿＿＿＿＿＿＿＿＿＿＿＿　😃　⊕

伊曼努尔·康德（Immanuel Kant，1724—1804年），德国哲学家、天文学家、星云说的创立者之一、德国古典哲学的创始人，哲学史上最伟大的人物之一。代表作有《纯粹理性批判》《判断力批判》《实践理性批判》等。

康德

♡ 赞

💬 微言微语

东方格　真的值得多看看，此书是教诲人生、净化人生之大学也。

Wang　常念为经，常用为典！大爱之人，仁爱之作！

玉　山　努力学习，天天跟上。🌼

绿之梦　真、善、美与假、恶、丑是人类的孪生姐妹，是正反两面，睿智的人追求前者，愚蠢的人拥抱后者。

爱心中的智慧　康德对"羞怯"一词的诠释，让人耳目一新，"套路"很深。

诺　诺　康德虽然是一个基督徒，但是很讨厌学校的那些宗教仪式。他说："上帝的存在不需要被证明，只需要被人确信就足够了！"多么睿智！其实，康德一生，不管是求学还是工作，都没有离开过自己的故乡柯尼斯堡，这个地方现在叫加里宁格勒，是俄国的海滨城市。但你不能说康德是俄国人，呵呵！

尚　舟　康德因批评圣经中的神学教义而被官方警告。他对道德的热衷确实超过宗教！👍

和颜爱语　康德敬告：人既要仰望头顶的星空，尊重自然规律、研究自然规律、顺应自然规律；又要敬畏道德法则，尊重社会规律、认识社会规律、把握社会规律。

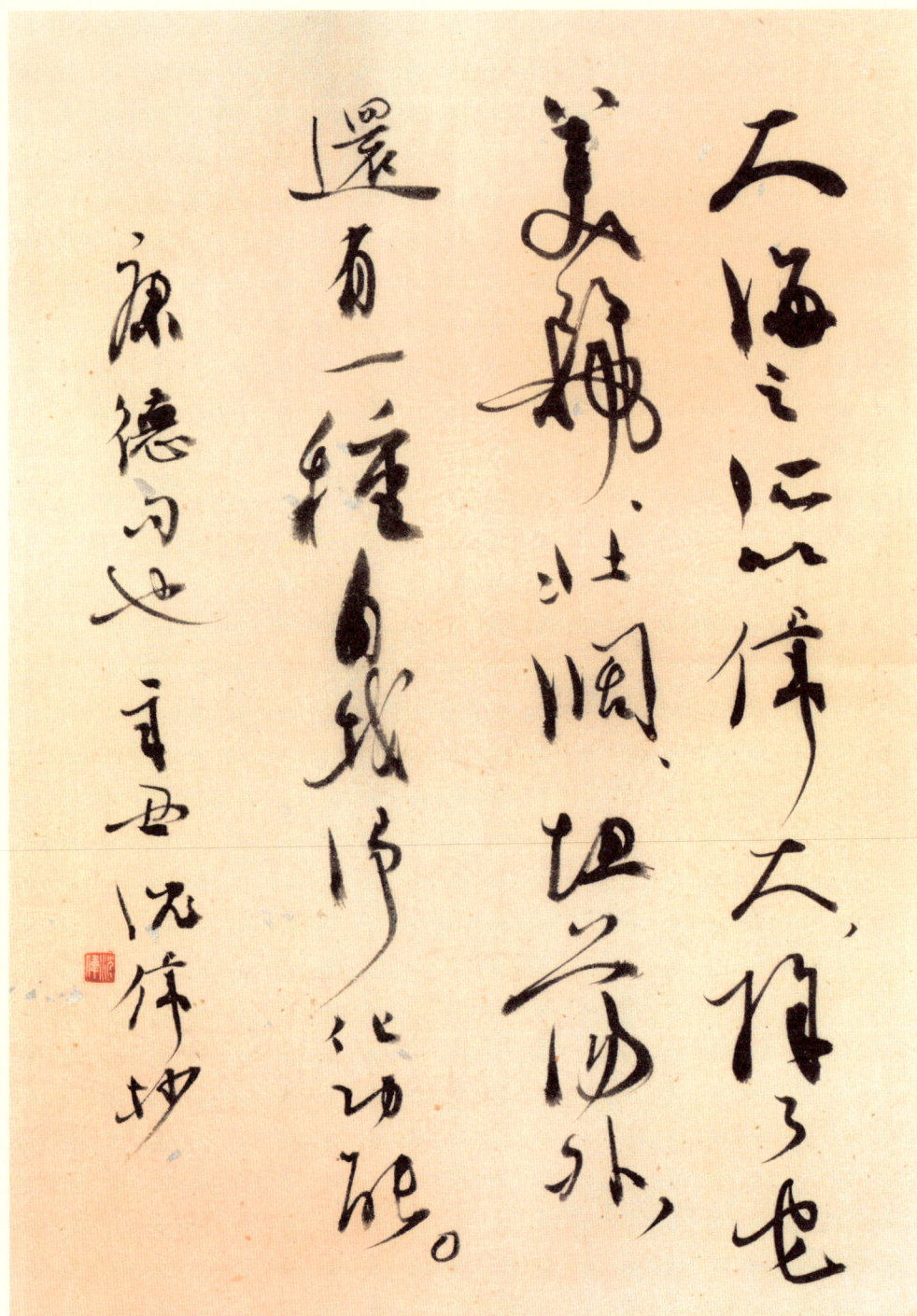

大海之汹汹不息也，美丽、壮阔、汹涌，此之海外，还有一种内在作用在运动。

康德句选　甲申　沈伟抄

沈 伟

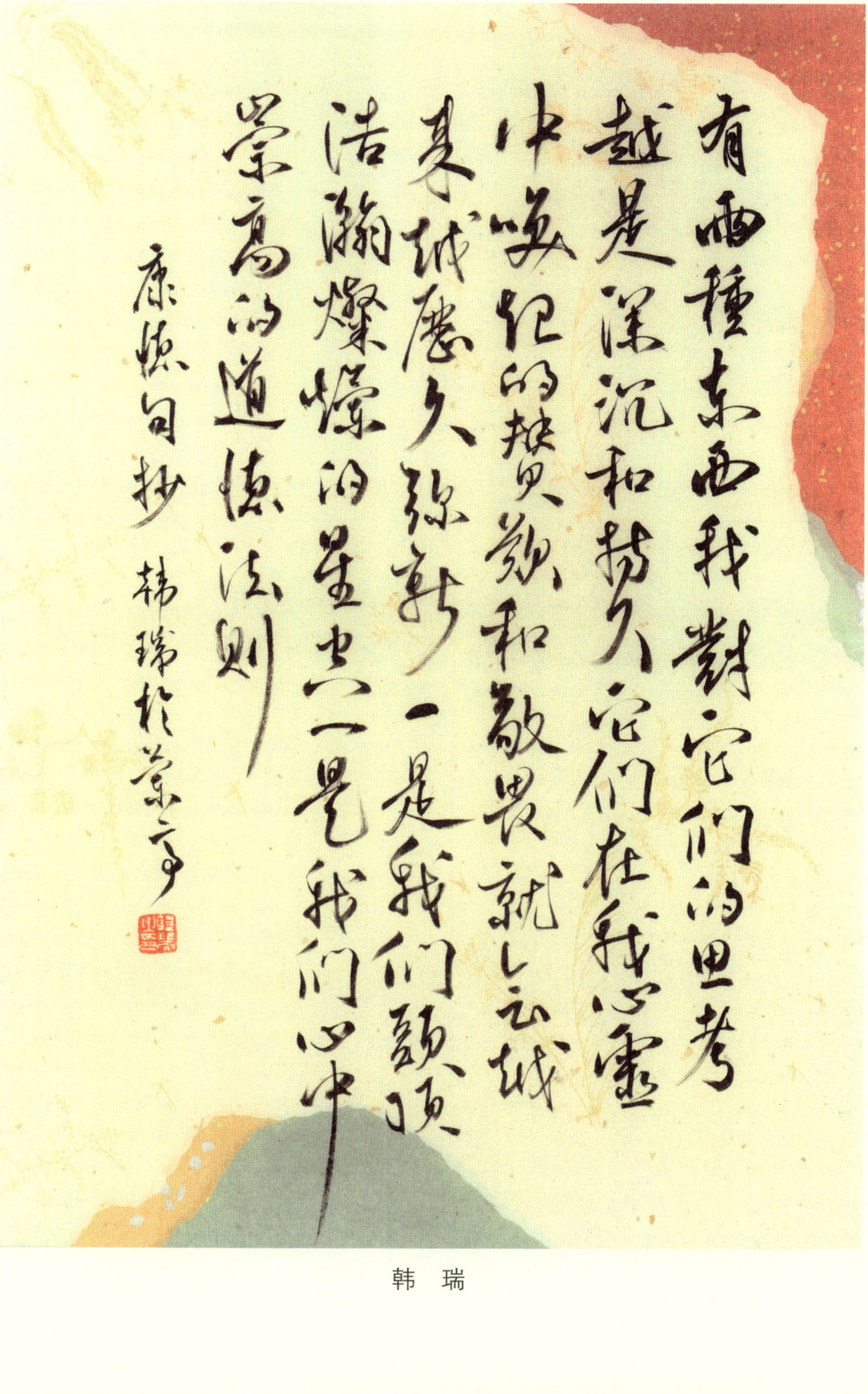

有兩種東西我對它們的思考
越是深沉和持久它們在我心靈
中喚起的驚奇和敬畏就上日益
更新歷久彌新一是我們頭頂
浩瀚燦爛的星空一是我們心中
崇高的道德法則

康德句抄 韓瑞於萊文于

韩 瑞

●●●●○ Mobile 📶　　　12:00 AM　　　100% ▭

 **杰弗逊** [美]

1 诚实是智慧之书的第一章。

2 点燃蜡烛照亮他人者，也不会给自己带来黑暗。

3 法律和制度必须跟上人类思想进步。

4 当一个人受到公众信任时，他就应该把自己看作公众的财产。

5 对骄傲的人不要谦虚，对谦虚的人不要骄傲。

6 气恼时先数到 10 再说话，如果还气恼就数到 100。

7 不贪图便宜买不需要的东西。

8 不花没到手的钱。

9 自己能做的事不麻烦别人。

10 今天能做的事不推到明天。

托马斯·杰弗逊（Thomas Jefferson，1743—1826年），美国政治家、思想家、教育家，美国独立战争期间的主要领导人之一，美利坚合众国第三任总统，《独立宣言》主要起草人。他被视为美国历史上最杰出的总统之一，同华盛顿、林肯和罗斯福齐名。

杰弗逊

♡ 赞

微言微语

药师后人　诚为立身之本，成事之基。

湖　波　估计马云最不愿看到第七句，否则双十一就无法存在了！😁

致　远　@湖波：如按第八句出牌，银行日子也不好过。

西溪 ma　读杰弗逊的一句名言，令人想起瞎子点灯的故事。的确，与人方便，就是与己方便。

木　杨　第五句上半句值得商榷，谦虚对谁都该保持，那才是美德。

福　东　@致远：房子都押在银行手里，银行花的是到手的钱。🤤

绿之梦　资产阶级的代表所谓的"把自己看作公共的财产"，是为支持其背后的利益集团服务的，为其代表的利益阶层服务的，能否包含广大民众则很难说。

爱心中的智慧　@福东：时代不同了，借鸡生蛋，花别人的钱才是王道！

和颜爱语　杰弗逊是美国第一任国务卿，配合华盛顿为强大的美国奠定了政权基础、工业基础、科技基础、军事基础等，特别是开创了美国特别优待人才的传统，为美国成为世界头号强国奠定了人才基础。

西　木　使用理性驱逐魔鬼，这在当时是个不得了的宣言。

●●●●○ Mobile 📶　　　12:00 AM　　　100% ▭

 **歌德** ［德］

1　一个人不能骑两匹马，骑上这匹就要丢掉那匹。聪明人会把凡是分散精力的要求置之度外，只专心致志地去学一门。

2　要有坚强的意志、卓越的能力以及坚持要达到目标的恒心，此外都是细节。

3　灰色的理论到处都有，我的朋友，只有生活之树四季常青，郁郁葱葱。

4　相信生活，它给人的教诲比任何一本书都好。

5　生活就像旅行，思想是导游者，没有导游者，一切都会停止，目标会丧失，力量也会化为乌有。

6　生命在于矛盾，在于运动，一旦矛盾消除，运动停止，生命也就结束了。

7　理想犹如一串跳荡的音符，奏响了我们心中青春的乐章，燃了我们胸膛里的火焰。

8　向着某一天终于要达到的那个终极目标迈步还不够，还要把每一步骤看作目标，使它作为步骤而起作用。

9　许多思想是从一定的文化修养上产生的，就如同幼芽是长在绿枝上一样。

10　希望是生命的灵魂、心灵的灯塔、成功的向导。

📢　　　　　　　　　　　　　　　😃　➕

歌德（Goethe，1749—1832 年），德国著名思想家、浪漫主义作家。代表作有《少年维特之烦恼》《浮士德》等。

歌德

♡ 赞

💬 微言微语

有容乃大　学不进是因为多心，学不精是因为多艺。中外文化同源。

绿之梦　两匹马配上一驾车，就不会骑上这匹、放弃那匹而顾此失彼了。

和颜爱语　歌德读过中国小说、诗歌，也写诗歌憧憬和赞美过中国。

暮　雨　道路自信、理论自信、制度自信、文化自信等，归根结底源于文化自信。

星月夜　我在上星期的演讲中讲了一句话，获得长久的掌声。"我们永远不要开华丽的菜单欺骗人（说到底是自欺欺人），也不要做贩卖希望的人。软实力的提升，要靠真功夫、硬功夫。"

爱心中的智慧　细节决定成败！

早上好　歌德是个全能型选手，不光是一个作家，还是一个科研爱好者，涉猎的领域有动植物形态学、解剖学、颜色学、光学、矿物学、地质学等。爱好和热忱成就了他的人生。

美丽新世界　歌德是我儿时的偶像，当时抄录了很多他的诗词。今天再读歌德的作品，感觉一点也不过时，依旧是满满正能量。

●●●●○ Mobile 📶　　　12:00 AM　　　100% ▬

莫扎特 [奥地利]

1　我每天花八小时练琴，人们却用天才两字埋没我的努力。

2　你们都看到了我的天分，但不看到我的勤恳。

3　人们认为，我的艺术成就是轻而易举得来的。这是错误的。没有人像我那样在作曲上花费如此大量的时间和心血。

4　如果爱是一种力量，那音乐是一种动力。

5　生活的苦难压不垮我。我心中的欢乐不是我自己的，我把欢乐注进音乐，为的是让全世界感到欢乐。

6　世上最可贵的是时间，世上最奢靡的是挥霍时光。

7　为进入天国而奋斗固然是崇高的，但是活在这凡世也美妙无比。那就让我们做人吧。

8　有许多人是用青春的幸福作为成功的代价的。

9　我的舌头已经尝到了死的滋味，但我的创作还是乐观的。

10　我将会在旋律中生活，也将会在旋律中死去。音乐成了我的生命。

莫扎特（Mozart，1756—1791 年），奥地利人，伟大的欧洲古典主义音乐作曲家。虽然 35 岁便英年早逝，但仍给后世留下海量而且不朽的协奏曲、歌剧、交响曲作品。

莫扎特

♡ 赞 🌼 🐸 🏞 🗿 🌻 🌺 🌿 ⚜ 🏮 🏞

💬 微言微语

星月夜　想起了钱钟书先生的话：做学问，一个绝顶聪明的人，偏要下最笨的功夫。👍

和颜爱语　人的一生是由天赋、勤奋和机遇共同谱写的乐章。

爱心中的智慧　道法自然，悟性第一！

致　远　大音希声，大象无形。

绿之梦　我感悟到莫扎特音乐方面的成功＝天分＋兴趣＋勤奋＋热爱＋坚持。

西　木　莫扎特的音乐可以跨越国界、享誉世界，所以这个星球上也没有什么语言能够充分描绘他的音乐。

美好人生　"我的舌头已经尝到了死的滋味，但我的创作还是乐观的"，一切欢悦的时光都能和音乐一同度过，一切苦难都能用音乐克服。莫扎特对音乐的热爱已经深入骨髓。

樱　樱　音乐带给人的远超过你所能想象的。就像电影《钢琴家》里的斯皮曼为德军军官弹奏肖邦的《G 小调第一叙事曲》，那一刻，所有的纷争和对立都消散了，时间停滞，没有敌人，只有知音。

●●●●○ Mobile 📶　　　　12:00 AM　　　　100% 🔋

拿破仑 [法]

1 一个人应养成信赖自己的习惯，即使在最危急的时候，也要相信自己的勇敢与毅力。

2 最困难之时，就是离成功不远之日。

3 世上只有两种力量：利剑和思想。从长而论，利剑总是败在思想手下。

4 不想当将军的士兵不是好士兵。

5 从伟大崇高到荒谬可笑，其间只相差一步。

6 为政之道在于惠及全体人民。

7 大多数人内心生来具有善与恶、勇与怯的种子，这是人的天性；后天如何成长，则取决于教养与环境。

8 永远也不要消极地认为做什么事是不可能的，只要你认为你能，尝试，尝试，再尝试，最终你都发现你能。

9 人类最高的道德是什么？那就是爱国之心。爱国是文明人的首要美德。

10 人生的光荣不在于永不失败，而在于能够屡败屡起。

拿破仑·波拿巴（Napoléon Bonaparte，1769—1821年），法国伟大的军事家、政治家，法兰西第一帝国的缔造者。在位期间颁布的《民法典》对后世影响深远。

拿破仑

♡ 赞

微言微语

致 远 　性善论也好，性恶论也罢，影响人的品性的关键因素还是环境、教育，由此看来，净化社会环境，提升教育品质，是造就合格公民的基础工程。

和颜爱语 　为政之道在于惠及全体人民，拿破仑也懂儒家之道。

陶 辞 　永远抱着积极乐观的人生态度，别人就会对你另眼相看。

爱心中的智慧 　人生的悲剧莫过于在同一个地方数次跌倒。

绿之梦 　我小孩上初二，近期功课繁重，她有点退缩、畏惧。上面的十句名言，我转抄了第一、二、八句送给她，希望她从中获得力量，战胜困难。🧒

星月夜 　张居正也说过与第六句类似的话：为政之要，在于安民；安民之要，在于察其疾苦。但无论是拿破仑所在的法兰西帝国，还是张居正所处的大明王朝，都没能做到这一点。不是道理不明白，就是做不到，值得深思。

尚 舟 　其实拿破仑还有句话让我印象深刻。"如果有人嘲笑我的身高，我将拿起手中的剑，斩下他的头颅，以消灭这种不平等。"

小 路 　天才总是看中自己的努力，那是因为没有天分的人再怎么努力也没用。

松 鼠 　"爱国是文明人的首要美德。"为这句话点赞！👍

●●●●○ Mobile 🛜 　　12:00 AM　　　100% 🔋

黑格尔 ［德］

1 假如没有热情，世界上任何伟大的事业都不会成功。

2 无知者是不自由的，正因和他对立的是一个陌生的世界。

3 只有那些躺在坑里从不仰望高处的人，才会没有出头之日。

4 一个真正的艺术家不应当只是单一的画家，应是兴趣广泛的多面手。

5 目标有价值，生活才有价值。

6 一个深刻的灵魂，即使痛苦，也是美的。

7 世上不是缺少美，而是缺少发现美。

8 人是靠思想站立起来的。

9 凡是存在的事物就天然具有合理性。

10 纪律是自由的第一条件。

黑格尔（Hegel，1770—1831 年），德国伟大哲学家，其哲学体系达到了德国古典哲学的高峰。代表作有《精神现象学》《逻辑学》《法哲学原理》等。

黑格尔

♡ 赞

微言微语

星月夜	成功永远有自己的法则，最根本的就是谋划未来。坚信未来一定会更好，坚定未来的方向，然后锲而不舍地去拼搏。成功永远在路上！
湖 波	黑格尔的哲学是西方哲学的集大成者，马克思主义哲学也吸取了他的哲学的合理内核。所以黑格尔是人类历史文明结晶的代表人物之一。
深水静流	热情是融化冰川的火焰，是照亮天空的月光，是孤帆返航时的灯塔。有热情的地方就有梦想，有热情的地方就有灵感！
丽 宜	喜欢"人是靠思想站立起来的"这句，给人力量。👊
建 方	黑格尔哲学的任务和目的，就是通过自然、社会和思维体现出来的绝对精神，探讨思维与存在的辩证关系，在唯心主义基础上揭示了两者的辩证统一。
大梦千年	"存在即合理"，黑格尔的这句至理名言几乎连小学生都耳熟能详。许多人认为这句话的意思是：凡是存在的事物就天然具有合理性，"存在"是"合理"（价值判断）的必要充分条件。殊不知，这种误解大概来自旧版本黑格尔著作翻译者的谬误。《小逻辑》以及《法哲学》里的译文是："凡是合乎理性的东西都是现实的，凡是现实的东西都是合乎理性的。"
闪 人	黑格尔涉猎了人类知识的全部领域：历史、自然、法学、伦理……他广博的知识与深邃的思考，至今让人敬佩。

招　法　纪律和自由像一对孪生兄弟，哲人的话语无不闪耀着思想的光芒，使我也想起了"主动即自由"这句话。

爱心中的智慧　黑格尔认为，宗教高于艺术，是"绝对理念"认识自己的最高形式。

致　远　我们总是站在巨人的肩膀上遥望远方，探索未来。

路　"存在即合理"与老子提出的"道法自然"具有内在一致性。

和颜爱语　马克思从政党视角论纪律与自由，毛主席从革命和建设视角论纪律和自由，黑格尔从哲学视角论纪律与自由。纪律与自由是人生前行之两轮！

凡　尘　难道我就是那个躺在坑里的人？

木　杨　@凡尘：如果是泰山这巅的一个坑，出头倒也快的。

尚　舟　这个世界不缺少美，缺少的是发现美，更缺少发现美的耐心。

凡　尘　@木杨：所以说，站位很重要！

海　良　辩证法一方面是思想的方法，一方面是一种直观的看法，是对宇宙和人生的一种辩证的看法，通常我们称之为辩证观。比如纪律与自由是辩证关系，对立统一。而作为把握实在的方法的辩证法，真正作为思考是异常之难的。

fancy　"纪律是自由的第一条件"，可惜好多人不明白。

雲中君　黑格尔说："凡是现实的，都是合理的；凡是合理的，都是现实的。"哲理就是哲理，不要因前者流为宿命论的泥淖，也不要因后者陷入理想主义的幻觉。

生活總是讓我們遍體鱗傷
但到後來那些受傷的地方一定
會變成我們最強壯的地方

賀飛耀書

贺飞耀

●●●●○ Mobile 📶　　　12:00 AM　　　100% ▮

 # 贝多芬 ［德］

1　那些立身扬名出类拔萃的，他们凭借的力量是德行，而这也正是我的力量。

2　把德行教给你们的孩子：使人幸福的是德行而非金钱。这是我的经验之谈。在患难中支持我的是道德，使我不曾自杀的，除了艺术以外也是道德。

3　我的箴言始终是：无日不动笔；如果我有时让艺术之神瞌睡，也只为要使它醒后更兴奋。

4　我要扼住命运的咽喉，决不能向命运屈服。

5　领悟音乐的人，能从一切世俗的烦恼中超脱出来。

6　成名的艺术家反为盛名所拘束，所以他们最早的作品往往是最好的。

7　在全人类中，凡是坚强、正直、勇敢、仁慈的人，都是英雄！

8　在困厄颠沛的时候能坚定不移，这就是一个真正令人钦佩的人的不凡之处。

9　涓滴之水终可磨损大石，不是由于它力量强大，而是由于昼夜不舍的滴坠。只有勤奋不懈的努力才能够获得那些技巧。

10　苦难是人生的老师，通过苦难走向欢乐。

路德维希·凡·贝多芬（Ludwig van Beethoven，1770—1827年），德国伟大的音乐家，其作品将古典主义音乐推向高峰，又创造了浪漫主义音乐，是音乐史上的伟人。代表作有《英雄交响曲》《命运交响曲》《悲怆》等。

贝多芬

♡ 赞

微言微语

湖　波　贝多芬所说的成名的艺术家会被盛名所拘束，他们的早期作品往往是最好的，想想也真是那样，正所谓盛名之下其实难副。

陶　辞　苦难能够成就辉煌！

和颜爱语　领悟音乐的人，能从一切世俗的烦恼中超脱出来。

致　远　第九句与"水滴石穿""只要功夫深，铁杵磨成针"意思相通，由此可见中西方哲学有许多共通之处，中华文化有巨大软实力，那种西方月亮总比中国圆、外国臭虫也是双眼皮的论调可以休矣。

绿之梦　现在一些孩子一味地读书，没经历劳作、饥饿和贫困等苦难，自理、适应和独立生活等生存能力差。有句谚语对应贝多芬的话：穷人的孩子早当家！

卢 Luke　道之尊，德之贵，道心至真而唯一；纯真之音符，心灵之洗礼。

爱心中的智慧　音乐的能量对疾病同样有强大的治愈力！

美丽新世界　贝多芬将音乐平民化，把音乐献给所有人。他饱受失聪痛苦的十一年间，创作了极为丰富的音乐。贝多芬的成就，功垂百世。

西　木　绝不向命运低头，能做到这一点的人都很强大。佩服！

●●●●○ Mobile 📶　　　12:00 AM　　　100% 🔋

欧文 ［英］

1　当你往前走的时候，要一路撒下花朵，因为同样的道路你决不会再走第二回。

2　完善的新人应该是在劳动之中和为了劳动而培养起来的。

3　经验是真知与灼见之母，因而它的一切举止都是明智而又坚定的。

4　撤销在人的性格方面产生罪行的那些环境，罪行就不会产生。用预计可以培养成秩序、规矩、节制、勤勉等习惯的环境来代替那些情况，这些品质将会被培养起来。

5　人类一切努力的目的在于获得幸福。

6　人类过去、现在和未来，都始终是他们出生以前和降生以后的周围环境的产物。

7　人类的幸福只有在身体健康和精神安宁的基础上，才能建立起来。

8　能够在实际上为最大多数的治人者和治于人者创造最大的幸福的政治，便是最好的政治。

9　教育人就是要形成人的性格。

10　环境决定着人们的语言、宗教、修养、习惯、意识形态和行为性质。

罗伯特·欧文（Robert Owen，1771—1858 年），英国企业家、教育家、空想社会主义者，曾在自己的庄园做社会主义实验，著有《新社会观》《新道德世界书》。

欧文

♡ 赞

微言微语

陶　辞　遵从大自然，顺其自然，是人的最高境界。

爱心中的智慧　"为人民服务"就是最好的政治！👍

致　远　环境是万物赖以生长的地方，保护自然、美化社会、治理环境是文明社会应有之义。

和颜爱语　什么是最好的政治？能够在实际上为最大多数人创造最大的幸福的政治，便是最好的政治。用马克思主义的话语体系表述，为最广大人民群众谋利益的政治、全心全意为人民服务的政治，是最好的政治。

绿之梦　我们的教育现实是重视应试教育，忽略人格教育。马加爵现象值得社会深刻反省到底何为教育。

潇　潇　好的环境培养好的品行，因此要建设良好的环境。

西　木　人类需要理想，只有理想才会推动人类的进步，欧文真厉害。

小　路　欧文是一位了不起的空想社会主义者。他认为世界充满财富，但是贫穷无处不在，所以试图建立一个没有剥削、没有压迫、人人劳动、财产公有的社会，更了不起的是，他为之进行了实践。

不倒温　大家都要感谢欧文，是他创立了学前教育机关（托儿所、幼儿园）的教育理论。🙂

●●●●○ Mobile 📶　　　12:00 AM　　　100% ▭

克劳塞维茨 ［德］

1 战争是政治通过另一种手段的继续。政治是不流血的战争，战争是流血的政治。战争是政治交往的一部分，政治是目的，战争是手段。

2 刚强的人尽管在内心很激动，但他们的见解和信念却像在暴风雨中颠簸的船上的罗盘指针，仍能准确地指出方向。

3 在消灭敌人军队时，不能仅仅消灭敌人的物质力量，更重要的是摧毁敌人的精神力量。

4 创造明天的是今天，创造将来是眼前，当你痴痴地坐等将来的时候，将来就从你的懒惰的双手中畸形丑陋地走出来。

5 民众战争的烈火一旦燃烧起来，就会起到大部队所不能起到的作用。

6 坚持集中兵力各个歼灭的原则，以歼灭敌军有生力量为主要目标，不以保守或夺取地方为主要目标。

7 什么样的人才能被称为军事天才？这种人与其说是有创造精神的人，不如说是有钻研精神的人；与其说是单方面发展的人，不如说是全面发展的人；与其说是容易激动的人，不如说是头脑冷静的人。

8 政治不仅引起战争，而且支配战争，因而政治的性质决定战争的性质。

9 一将无谋，累死三军。

10 作战基本原理，切勿完全处于被动地位。

🔊　　　　　　　　　　　　　　　　　　😊　⊕

克劳塞维茨（Clausewitz，1780—1831 年），德国军事理论家和军事历史学家，近代军事战略学的奠基人。代表作为《战争论》。

克劳塞维茨

微言微语

宇 宁 克氏的军事理论和毛泽东的军事思想有相通之处。😊

湖 波 近现代西方军事理论的集大成者。他把政治与军事的关系阐述得非常透彻，至今都是我们观察战略和战争规律的一把钥匙。

星月夜 人生这部大戏，一旦拉开序幕，不管你如何怯场，都得演到戏的结尾。戏中我们爱犯一个错误，就是总把希望寄予明天，却常常错过了今天。过去不会重来，未来无法预知，我们唯一可做的，就是不要让今天成为明天的遗憾。人生没有预演。

秋 风 从古到今，概莫能外。色厉胆薄，无谋寡决。干大事惜身，见小利忘命。

湖 波 只有对战争理解如此深入，才能真正成为战神！👍

致 远 句句精辟，让人耳目一新。第九句印证一句话——兵熊熊一个，将熊熊一窝。😆

爱心中的智慧 军事领域的谋略同样适用于商战！

大梦千年 没有永恒的朋友，只有永恒的利益。

和颜爱语 克劳塞维茨著有《战争论》，被称为西方兵圣，但中国兵圣孙武的《孙子兵法》比《战争论》早了 2000 多年。

绿之梦 战争是为政治服务的，政治是战争的目的。作为普通百姓，远离政治与战争就是福。

●●●●○ Mobile 📶　　　12:00 AM　　　100% ▭

 # 司汤达 ［法］

1　每个人的心底都有一座坟墓，是用来埋葬所爱的人的。

2　凡是伟大的天才都带有疯狂的特征。

3　在错误面前，个性是那么渺小和无力。

4　理智的人面临危险，会急中生智，可以说，比平时更聪明。

5　心灵上的谨慎和谦恭是独一无二的美德。

6　一个人不可能把所有的才能都集中在自己的身上。

7　我爱力量，我所爱的力量，一只蚂蚁所显示出来的可以和一只大象显示的相等。

8　一个人只要他有纯洁的心灵，无愁无恨，他的青春时期定可因此而延长。

9　天才永远存在人民中间，就像火藏在燧石里一样，只要具备了条件，这种死的石头就能够发出火花来。

10　假如没有劳动这个压舱的货物，任何风暴都会把生活之船打翻。

🔊　　　　　　　　　　　　　　　　　　😀　⊕

司汤达（Stendhal，1783—1842年），原名马利–亨利·贝尔（Marie-Henri Beyle），法国批判现实主义作家。代表作有《阿尔芒斯》《红与黑》《巴马修道院》等。

司汤达

♡ 赞

微言微语

星月夜　遇到危机时惊慌失措、六神无主，那么危机不可能破解。理智冷静地面对，危机可能成为稀缺的机会。

爱心中的智慧　急中生智，更多的是一种本能。人有很多未知的潜能，适度将自己逼入某种"绝境"，方知"神通"就在身边。

一　飞　魏国刘劭的《人物志》中所论的偏才，就是如今我们讲的专业化人才，即某种才华超越常人。这种人容易有两个问题：一是容易偏执、固执己见，很难倾听别人的意见；二是缺少凝聚力。具有凝聚力的人，往往才华（偏才）并不那么出众。

致　远　天才表现因人而异，不应以单一标准衡量。要让有才能的人在社会化过程中脱颖而出，造福社会。

和颜爱语　司汤达的墓志铭是活过、爱过、写过。

绿之梦　《红与黑》中的于连无情地被所爱的人埋葬了，所以，爱情不能泛滥。

西　木　不疯魔不成活。

易　一　红与黑，混乱年代的爱情史诗。

陶　子　一个人的悲剧，有时也是一个时代的悲剧。

●●●●○ Mobile 🛜　　　　12:00 AM　　　　100% ▬

叔本华 ［德］

1 人类所能犯的最大的错误就是拿健康来换取其他身外之物！

2 财富就像海水，饮得越多，渴得越厉害；名望实际上也是如此。

3 人的面孔要比人的嘴巴说出来的东西更多、更有趣，因为嘴巴说出的只是人的思想，而面孔说出的是思想的本质。

4 我们的生活样式就像一幅油画，从近处看，看不出所以然来，要欣赏它的美，就非得站远一点不可。

5 没有人生活在过去，也没有人生活在未来，现在是生命确实占有的唯一形态。

6 名誉是表现在外的良心，良心是隐藏在内的名誉。

7 美是高级的善，创造美是最高级的乐趣。

8 欲望是人的痛苦根源，因为欲望永不能被满足。我们离理想越远，自然就会离欲望越近。在现实生活中，我们常常迷失在理想与欲望之中，将欲望的东西当作理想，这是因为它们有时实在太近，近到只有一线之隔。或者说欲望是感性的，而理想是理性的。

9 人就像寒冬里的刺猬，互相靠得太近会觉得刺痛，彼此离得太远却又会感觉寒冷；人必须保持适当的距离过活。

10 世上的每一朵玫瑰花都有刺，如果因为怕扎手就舍之，那么你永远也不能得到玫瑰芬芳。

🔊　　　　　　　　　　　　　　　　　　😃　⊕

亚瑟·叔本华（Arthur Schopenhauer，1788—1860年），德国著名哲学家，非理性主义哲学创始人，与尼采一并开启了现代西方哲学的路向。代表作有《论充足理由律的四重根》《作为意志和表象的世界》。

叔本华

♡ 赞

微言微语

明　杰　坚信努力可以带来好运气，相信用心可以交到真感情，深信善良是个好东西。

乐陶陶　还喜欢他的"一种纯粹靠读书来的真理，与我们的关系，就像假肢、假牙、蜡鼻子甚或人工植皮。而由独立思考获得的真理就如我们天生的四肢：只有它们才属于我们"。这形象说明了读书与思考的关系，"学而不思则罔，思而不学则殆"。

张　勇　@明杰：就这样一直善良下去！😊

雲中君　叔本华与黑格尔同在柏林大学任教，黑格尔深受学生欢迎，叔本华却受到冷落。叔本华60岁以后却声名大噪，他的哲学思想受印度哲学影响，"意志""生命"渐成为主要课题。王国维也曾受到叔本华的影响。

紫　色　第一句说得很对，但是就有人被绑上欲望号街车，不能自拔，其实很悲哀。

致　远　面孔是心灵的窗口，心正而貌端。相由心生，慈悲为怀。

爱心中的智慧　世间的名利都是分别心所致！分别是识，无分别是智。依识染，依智静。染有生死，静无诸佛。

绿之梦　远看，看到整体；近看，看得细致。生活总会掺杂不如意，远看的话，不如意的"斑点"会隐掉，反而更真切、更完满。

和颜爱语　说健康，议健康，求健康，但人往往用身体拼财富，用健康换名利。"放下身外之物"还真有点难，改正这个"最大的错误"似乎更难！

●●●●○ Mobile 📶　　　12:00 AM　　　100% ▭

 # 雪莱 ［英］

---

1 浅水是喧哗的，深水是沉默的。

---

2 冬天来了，春天还会远吗？

---

3 过去属于死神，未来属于你自己。

---

4 道德的最大秘密就是爱。

---

5 微笑，实在是仁爱的象征、快乐的源泉、亲近别人的媒介。有了笑，人类的感情就沟通了。

---

6 感受不到光明是因为本身阴暗。

---

7 如果你十分珍爱自己的羽毛，不使它受一点损伤，那么，你将失去两只翅膀，永远不再能够凌空飞翔。

---

8 最为不幸的人被苦难抚育成了诗人，他们把从苦难中学到的东西用诗歌教给别人。

---

9 一首伟大的诗篇像一座喷泉一样，总是喷出智慧和欢愉的水花。

---

10 精明的人是精细考虑他自己利益的人，智慧的人是精细考虑他人利益的人。

珀西·比希·雪莱（Percy Bysshe Shelley，1792—1822年），英国著名浪漫主义诗人，受空想社会主义思想影响颇深。代表作有《解放了的普罗米修斯》《西风颂》等。

雪莱

♡ 赞

微言微语

潇　潇　诗人的语言就是形象。

秋　风　常人固应爱惜羽毛，但在战场上，过于爱惜羽毛将失去战斗的力量。

紫　色　第一句和第六句说得太好了，深受启发。

致　远　人们常在"喧哗的浅水"与"沉默的深水"之间游走。不喧哗吧，人生有点寂寞，不沉默吧，人生有点漂浮，看来还是取中庸之道为好。

湖　波　年轻时就读过雪莱的诗：冬天已经来临，春天还会远吗？在我遇到各种难题或困惑的时候，就自然想起他的这句诗。真的会有一种力量从内心生发，支持你去直面人生，去克服艰难险阻。❤

敢　胜　充满哲理的经典，事物都有两面性，弘扬正能量，把握变化发展。

心　刚　世上，精明之人多，智慧之人少，因为由精明到智慧的门槛不是轻易迈得过去的。

大梦千年　@致远：人生寂寞莫过于总在牛A与牛C之间徘徊。

爱心中的智慧　黑暗怎经得起阳光的照射？！

乐陶陶　"冬天来了，春天还会远吗？"这给濒临绝望的人勇气、信心和希望，去迎接属于自己的春天！🌼

和颜爱语　马克思称他为社会主义的急先锋，恩格斯称他为天才的预言家。

海涅 [德]

1. 春天的特色只有在冬天才能认清，在火炉背后，才能吟出最好的五月诗篇。

2. 热爱自己的祖国是理所当然的事。

3. 生命不可能从谎言中开出灿烂的鲜花。

4. 哪里烧书，哪里接着就会把人也扔进火堆。

5. 只有宽广而聪慧的心灵才能始终发现友爱之情。

6. 在一切创造物中间没有比人的心灵更美、更好的东西了。

7. 言语之力，大致可以从坟墓唤醒死人，可以把生者活埋，把侏儒变成巨人，把巨人彻底击垮。

8. 人的理性粉碎了迷信，而人的感情也将摧毁利己主义。

9. 人们在那里高谈阔论着天气和灵感之类的东西，而我像首饰匠打金锁链那样精心地劳动着，把一个个小环非常合适地连接起来。

10. 照耀人的惟一的灯是理性，引导生命于迷途的惟一的手杖是良心。

海涅（Heine，1797—1856 年），德裔犹太人，著名抒情诗人和散文家，被称为"德国古典文学的最后一位代表"。代表作有《罗曼采罗》《佛罗伦萨之夜》《游记》等。

海涅

微言微语

爱心中的智慧　向死而生，心无挂碍，应作如是观！

Bright 胡　德国大诗人，话虽白，理却深！特别是第二句，说得那么理所当然！

紫　色　最喜欢最后一句，让迷茫的人看到光明。❤

米小曙　为了改造世界，谋求大幸福而放弃个人小确幸，是为大智大勇。

深水静流　六王毕，四海一，蜀山兀，阿房出。焚书坑儒禁锢了思想，强化了专制，却葬送了江山社稷！这是秦始皇、李斯等始料不及的！

致　远　闪烁光芒的思想，犹如历史长空的灯塔，照耀人类行进的道路。

招　法　海涅关于人的心灵之美、心灵之广阔的话语，可谓十分精辟。👍

水享安人　海涅不就是善用言语之力的典范吗？

和颜爱语　中国清代王永彬著有《围炉夜话》，海涅倡导"火炉吟诗"，两者有异曲同工之妙！

木　杨　心灵、心智，修心到家了，也就不为心外之物、人、事所困扰了。

凡　尘　真正伟大的诗人，绝不会只限于自己的方寸世界，而会把目光投向更加广阔无垠的人类社会和未来。海涅就是这样的诗人！

丽　宣　海涅的诗，字字动人心，句句是人生。

●●●●○ Mobile 📶　　　　12:00 AM　　　　100% ▬

巴尔扎克 ［法］

1 巨大财富的背后都隐藏着罪恶。

2 一个能思想的人，才真是一个力量无边的人。

3 打开一切科学的钥匙都毫无异议地是问号，我们大部分的伟大发现都应当归功于"如何"，而生活的智慧大概就在于逢事都问个"为什么"。

4 真正的爱情像美丽的花朵，它开放的地面越是贫瘠，看起来越格外的悦目。

5 想升高，有两样东西，那就是必须作鹰，或者作爬行动物。

6 苦难于天才是一块垫脚石，于能干的人是一笔财富，于弱者是一个万丈深渊。

7 天性是百发百中，万无一失的。这一种的天性叫一见生情。而爱情方面的第一眼，就等于千里眼。

8 人们若是一心一意地做某一件事，总是会碰到偶然的机会的。

9 在各种孤独中，人最怕精神上的孤独。

10 一个人倒霉时至少有这么一点好处，可以认清谁是真正的朋友。

巴尔扎克（Balzac，1799—1850 年），法国小说家，法国现实主义文学成就最高者，被称为"文学事业上的拿破仑"。他创作的《人间喜剧》共 91 部小说，写了两千四百多个人物，是人类文学史上罕见的丰碑，被称为法国社会的"百科全书"。

巴尔扎克

♡ 赞

微言微语

胡　波　人生的警句、格言，是生活的坐标和方向！👍

路　路　巴尔扎克作为法国文学巨匠，他对社会、人生、人性的感悟浓缩在其经典名句中，给后人以启迪。

吉童妈　巴尔扎克的世界观是矛盾的，在巴黎上流社会司空见惯的事，到了他的笔下染上了时代的色彩，刻上了阶级的印记。

和颜爱语　古人云：庭院里遛不出千里马，温室里长不出栋梁材。中国先贤和西方大家都告诫我们：苦和难是人生成长的重要养料和必需元素，但当下人多在鲜花和掌声中成长。

鱼儿妈妈　玩中自有学问，正且学且悟中。

乐陶陶　特喜欢巴尔扎克的人物描写，只寥寥数句就把人物的外形特征勾勒得惟妙惟肖，而且与其内在性格相得益彰！

水享安人　一个人孤独并不可怕，可怕的是两个人在一起仍然感到孤独。这大概就是巴尔扎克所说的精神孤独吧！

爱心中的智慧　精神上的孤独其实也是自我超越！

木　杨　人的全部尊严就在于思想。

美丽新世界　巴尔扎克还有一句关于写作与灵感的经典话语："灵感是个没有耐心等待的情人，她不把饥饿、睡眠，还有欲望放在眼里。"今天读来依然很有水准。

小　鱼　巴尔扎克说："他（拿破仑）用剑开创的事业，我要用笔完成。"

●●●●○ Mobile 🛜 　　　12:00 AM　　　100% 🔋

普希金 [俄]

1 法律之剑不能到达的地方，讽刺之鞭必定可以达到。

2 不论是多情诗句、漂亮的文章，还是闲暇的欢乐，什么都不能代替无比亲密的友谊。

3 人的影响短暂而微弱，书的影响则广泛而深远。

4 倾听着年轻姑娘的歌声，老人的心也变得年轻。

5 爱惜衣裳要从新的时候起，爱惜名誉要从幼小时候起。

6 失败之前无所谓高手，在失败的面前，谁都是凡人。

7 你尽可注视别人的脸，但请信任我这颗心。

8 一切过去了的都会变成亲切的怀念。

9 假如生活欺骗了你，不要忧郁，也不要愤慨！不顺心的时候暂且容忍；相信吧，快乐的日子就会到来。

10 你在孤独、悲伤的日子，请悄悄地念一念我的名字，并且说：这世上有人在怀念我，我活在一个人的心里。

普希金（Alexander Pushkin，1799—1837 年），俄国著名诗人、小说家，19 世纪俄国浪漫主义文学主要代表。主要作品《叶甫盖尼·奥涅金》《鲍里斯·戈东诺夫》《黑桃皇后》。

普希金

♡ 赞

💬 微言微语

胡 波　年轻时崇拜过的偶像，他的诗总有一种淡淡的忧伤！

绿之梦　年轻、积极、乐观、向上和真诚，诗人拥有伟大的情绪感染力！👍

深水静流　一切都是瞬间，一切都会过去，一切过去了的都会变成亲切的怀念。面对生活，我们就该有乐观主义情怀！

先　赐　今天找到了变年轻的方法，太神奇了！😁

水　仙　人与人之间不能缺少美好友谊的滋润。

致　远　听听年轻姑娘的歌声可养心养颜。

星月夜　被生活欺骗并没有什么，谁都曾经历过，那是因为自己的弱小与少不更事。只要自己不欺骗自己，一切都还有希望。一切都是瞬息，一切都会过去，一切过去了的都会变成亲切的怀念。

和颜爱语　普希金的这段话激励许多人永不惧败：假如生活欺骗了你，不要忧郁，也不要愤慨！不顺心的时候暂且容忍；相信吧，快乐的日子就会到来。

爱心中的智慧　20 世纪 80 年代，许多人读着普希金的诗成了文艺青年。

小　鱼　我即将沉默，但如果这琴弦能在我忧伤时，报我以低回的歌声……

●●●●○ Mobile 📶　　　12:00 AM　　　100% 🔋

华盛顿 [美]

1 我对于我们自己内部的倾轧，比对敌人在算计我们还觉得可怕。

2 我对祖国的召唤永远只能敬奉如仪。

3 自己不能胜任的事情，切莫轻易答应别人，一旦答应了别人，就必须实践自己的诺言。

4 如果你珍视自己的名声，就应与贤良交往；因为自处下流还不如离群索居。

5 读书而不能运用，则所读的书等于废纸。

6 如果自由流于放纵，专制的魔鬼就乘机侵入。

7 友情像一棵树，要慢慢地栽培，才能成长；真的友谊，要经过困难考验，才可友谊永固。

8 衡量朋友的真正标准是行为而不是言语，那些表面上说尽好话的人实际上离这个标准正远。

9 在每个国家，知识都是公共幸福的最可靠的基础。

10 你在诋毁别人的同时，也贬低了自己。

乔治·华盛顿（George Washington，1732—1799
年），美国政治家、美国国父，是美国独立战争期间
大陆军总司令，首任美国总统，主持起草了美国
宪法。

华盛顿

♡ 赞

微信 **微言微语**

爱心中的智慧　诺不轻信，故人不负我；诺不轻言，故我不负人。

湖　波　绝对的自由会导致专制，我想这是那些整天喊着追求自由的人没有想
到的吧！

先　赐　学习经典提升自己。

致　远　对祖国召唤敬奉如仪的人是高尚的人、值得信赖敬重的人、可肩负伟
大历史使命的人，这样的人往往是决定国家命运的伟人。

和颜爱语　一个开明的政治家，一个强大国家的开创者，一个不贪恋权力的总
统，却拥有远远超过任期的历史声望！👍

西　木　华盛顿一生跌宕起伏，年轻时曾受命出使法军营地，避过重重危机；
中年时领导美国人民驱赶殖民者，取得独立；晚年时连任两届总统，
回归田园，退而不休。"美国之父"令人钦佩。

小　路　"我对祖国的召唤，永远只能敬奉如仪。"为这句话打 CALL！！！✊

Deven　在中国，知识当然也会是公共幸福最可靠的基础。

易　一　将国家利益置于个人之上，不恋官位，不愧为美国国父。

●●●●○ Mobile 📶　　　12:00 AM　　　100% 🔋

雨果 [法]

1. 世界上最宽阔的是海洋，比海洋更宽阔的是天空，比天空更宽阔的是人的胸怀。

2. 未来将属于两种人：思想的人和劳动的人，实际上，这两种人是一种人，因为思想也是劳动。

3. 世人缺乏的是毅力，而非气力。

4. 艺术的大道上荆棘丛生，这也是好事，常人都望而却步，只有意志坚强的人例外。

5. 谁虚度年华，青春就要褪色，生命就会抛弃他们。

6. 笑声如阳光，驱走人们脸上的冬天。

7. 书籍是造就灵魂的工具。

8. 人，有了物质才能生存；人，有了理想才谈得上生活。

9. 脚步不能到达的地方，眼光可以到达；眼光不能到达的地方，精神可以飞到。

10. 信仰，是人们所必需的。什么也不信的人不会有幸福。

维克多·雨果（Victor Hugo，1802—1885 年），法国作家，浪漫主义文学的代表作家，一生写过多部诗歌、小说、剧本，代表作有《巴黎圣母院》《悲惨世界》《笑面人》《"诺曼底"号遇难记》等。

雨果

♡ 赞

微言微语

致 远　信仰是精神支柱，信仰没了，精神支柱就垮了，人生方向也就迷失了。

深水静流　劳心者治人，劳力者治于人，思想是更复杂的劳动！

明 杰　学会适应，就会让你的环境变得明亮；学会宽容，就会让你的生活没有烦恼。

爱心中的智慧　"思想就是劳动"是否可作为意念也是物质的注解？

和颜爱语　思想作品历久弥新。👍

绿之梦　劳动光荣，劳动没有贵贱之分，劳动托起中国梦！✊

熊 猫　一个人的胸怀，最终决定着他的世界。

星月夜　任何道路都布满荆棘，抱怨无用，只有逢山开路，遇水架桥。要有坚钢不可夺志的决心。

美丽新世界　要有怎样的坚持才能写出百万字的作品；要有怎样的才情才能让读者对这百万字的作品爱不释手，随着人物的命运变化或流泪，或微笑；要有怎样悲天悯人的情怀才能包容人世间的喜乐和苦恶，《悲惨世界》关于爱、恩典与救赎，让雨果永远站在了文学的最高峰。

小 鱼　翻译家郑克鲁翻译的《巴黎圣母院》曾深深打动了我。雨果威武！

●●●●○ Mobile 📶　　　　　12:00 AM　　　　　100% ▬

 # 大仲马 ［法］

1 当信用消失的时候，肉体就没有生命。

2 把希望建筑在意欲和心愿上面的人们，二十次中有十九次都会失望。

3 果敢无战不胜，刚毅无征不服。

4 痛苦和寂寞对年轻人是一剂良药，它们不仅使灵魂更美好，更崇高，还保持了它青春的色泽。

5 神态自然而不俗，这正是高尚的人们所特有的气质。

6 只有体验过不幸的人才能体会最大的快乐。我们必须体验过死的痛苦，才能体会到生的快乐。

7 当你拼命想完成一件事的时候，你就不再是别人的对手，或者说得更确切一些，别人就不再是你的对手了。不管是谁，只要下了这个决心，他就会立刻觉得增添了无穷的力量，而他的视野也随之开阔了。

8 生活没有梦想就像航海没有指南针。

9 人类的一切智慧是包含在这四个字里面的："等待"和"希望"！

10 一个人能够获得自由比得到一项王冠还要宝贵。

))) 　　　　　　　　　　　　　😃　⊕

亚历山大·仲马（Alexandre Dumas，1802—1870年），人称大仲马，法国 19 世纪浪漫主义作家。代表作有《亨利第三和他的宫廷》《基度山伯爵》《三个火枪手》等。

大仲马

♡ 赞

微言微语

木　杨　人无信则不立。

爱心中的智慧　梦想是人生的滑翔机！

禾火子　很多成就都来自三个字"试一试"，而不是"想一想"。

尚　舟　痛苦和寂寞是年轻人的一剂良药，可以治软骨、浮躁、自傲诸多毛病，从而实现成长。

玉　丫　生活没有了梦想，就如迷失了方向。

敢　胜　在"希望"中果敢，在"等待"中突围。

致　远　生活没有梦想就像航海没有指南针，有了梦想而不践行，梦想就像海市蜃楼，虚无缥缈。有梦想，更要有为梦想奋斗的激情。

福　东　@致远：梦想是要有的，万一实现了呢？😊

和颜爱语　自由比王冠还要宝贵，共产党人就是为自由而奋斗！

周　潇　当信用消失的时候，肉体没有生命，事业不可持续，社会则走向腐坏。

松　鼠　有说大仲马是中国的金庸，有待考证。

●●●●○ Mobile 📶 12:00 AM 100% ▭

爱默生 [美]

1 健康是人生的第一财富。

2 每一种挫折或不利的突变，是带着同样或较大的有利的种子。

3 如果使用得好，书是最好的东西；如果滥用了，书就是最坏的东西。

4 怎样的思想就有怎样的生活。

5 人的一生就是进行尝试，尝试得越多，生活就越美好。

6 上帝说，你可以拥有喜悦，或者你可以拥有权势；但是你不可以拥有二者。

7 两个人如果读过同一本书，他们之间就有一条纽带。

8 一个伟大的灵魂会强化思想和生命。

9 即便是好思想，如果不去实行，就和好梦一样。

10 我们对真理所能表示的最大崇拜，就是要脚踏实地地去履行它。

爱默生（Emerson，1803—1882 年），美国思想家、文学家、诗人。代表作有《论自助》《论补偿》《论爱》等。

爱默生

微言微语

紫　色　身体是革命的本钱，但是五加二、白加黑的节奏如今是常态，大家自己多保重，千万别强撑，为工作负责，也要为家人负责。

立立戴　每一次挫折和困难都是机会伪装成的 (Every difficulty is an opportunity in disguise)。

星月夜　尽信书，不如无书。同样一本书，不同的人会读出不同的意味，会有不同的收获。

绿之梦　"健康是人生的第一财富"，多么朴实的一句话！有多少人在年轻健康时能够深彻地领悟和明白？往往，在年轻时用健康换金钱，在年老时用金钱买健康。

木　鱼　@ 立立戴：多评一些，中英文，别开生面。

桔　子　两个人读过同一本书，他们之间就有一条纽带。

杨　君　拓宽你的格局，你的人生将不可思议。

致　远　书山有路勤为径，学海无涯苦作舟。读书让人明理聪慧，读书使人充实安宁，读书打开了一扇扇观察世界的窗户。

爱心中的智慧　现在，真理已被标签化了……

和颜爱语　健康是人生的第一财富，也是人生一切的基础，可忙碌的人们常常用健康换财富、用身体换发展。

老　吴　健康是人生的第一财富，近来越有此感触。

●●●●○ Mobile 📶   12:00 AM   100% ▭

安徒生 [丹麦]

1 对任何歌唱者来说，聆听者眼中的泪水是最好的报酬。

2 旅行对我来说，是恢复青春活力的源泉。

3 凡是能冲上去、能散发出来的焰火，都是美丽的。

4 只要你是天鹅蛋，就是生在养鸡场里也没有什么关系。

5 仅仅活着是不够的，还需要有阳光、自由，和一点花的芬芳。

6 攀登上一个阶梯，这固然很好，只要还有力气，那就意味着必须再继续前进一步。

7 记住，死就是一个伟大的搬家日！

8 希望之"桥"就是从"信心"这个词展开来的——而这是一座把我们引向无限博爱的桥。

9 一个人的年轻时代是诗的时代。

10 友情不是单纯的，是融在情与意中的一种感觉。

安徒生（Andersen，1805—1875 年），丹麦 19 世纪著名的童话作家，被誉为"现代童话之父""世界儿童文学的太阳"。代表作有《卖火柴的小女孩》《丑小鸭》《皇帝的新装》等。

安徒生

♡ 赞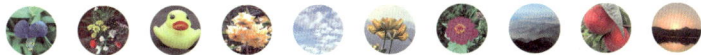

微言微语

星月夜　如果发现一个人是天鹅蛋，就不要把它放在养鹅场，当然更不要放在养鸡场，我们一定争取让他（她）成长在美丽的湖边。

桃　子　活着和生活是两种截然不同的生命。

东　木　友情除了情与意的融合外，还需要义。

清浅时光　安徒生童话温暖了几代人。

致　远　千千万万少年儿童徜徉在安徒生缔造的温柔的童话世界中，快乐成长，安徒生堪称人类灵魂工程师。❤

绿之梦　"夫贤士之处世也，譬若锥之处囊中，其末立见"。与天鹅蛋的比喻异曲同工！

乐陶陶　每天的精神食粮！🌼

和颜爱语　安徒生说，一个人的年轻时代是诗的时代。可当下一些人的年轻时代成为急功近利的物质时代！

爱心中的智慧　安徒生将天才与生命献给了"未来一代"。

松　鼠　很爱《皇帝的新装》，其实内涵很多，并非是简单的童话。

●●●●○ Mobile 📶　　　　12:00 AM　　　　100% ▱

林肯［美］

---

1 我主要关心的，不是你是不是失败了，而是你对失败是不是甘心。

---

2 卓越的天才不屑走一条人家走过的路。他寻找迄今没有开拓过的地区。

---

3 法律是显露的道德，道德是隐藏的法律。

---

4 黄金诚然是宝贵的，但是生气勃勃、勇敢的爱国者比黄金更为宝贵。

---

5 喷泉的高度不会超过它的源头；一个人的事业也是这样，他的成就绝不会超过自己的信念。

---

6 你可以一时欺骗所有人，也可以永远欺骗某些人，但不可能永远欺骗所有人。

---

7 一滴蜂蜜比一加仑胆汁招引的苍蝇还要多。

---

8 我不求必胜，但矢志真诚。我不一定求成功，但必言行如一，贯彻始终。我必将与正人君子并肩，是其所是，非其所非。

---

9 一个人过了四十岁，应当为自己的长相负责。

---

10 如果你没有选择的话，那么就勇敢地迎上去。

🔊　　　　　　　　　　　　　　　　　　　😀　⊕

亚伯拉罕·林肯（Abraham Lincoln，1809—1865年），美国政治家、思想家、演说家，美国第16任总统，黑人奴隶制的废除者。代表作有《解放黑人奴隶宣言》。

林肯

❤ 赞

💬 微言微语

星月夜　十年前我读到了这句话，它对我启发很大：机巧诡诈，不能长久；忠厚诚恳，立身之本。

敢　胜　"你如果没有选择，就要勇敢迎上去"——果敢无不胜！

木　鱼　@敢胜：怪不得你的名字是敢胜！

爱心中的智慧　第九句有味道，四十岁之后，多一些慈眉善目，少一点青面獠牙。

致　远　林肯在《葛底斯堡演说》中所说的"of the people, by the people and for the people"被孙中山译为"民有、民治、民享"，这也是"三民主义"的思想源头之一。

乐陶陶　"一个人过了四十岁，应当为自己的长相负责"，相由心生！

绿之梦　@爱心中的智慧：我们也有类似的说法，三十岁前的长相是父母给的，三十岁后的长相是自己给的。

和颜爱语　"法律是显露的道德，道德是隐藏的法律"，这是林肯对法治与道治关系的诠释。

Deven　推荐史蒂文·斯皮尔伯格导演拍的电影《林肯》，很棒。

老　吴　@致远：中外伟人的思想有相通之处。

君　越有故事的人越沉静简单。真正的强者，不是没有眼泪的人，而是含着眼泪依然坚持奔跑的人。

●●●●○ Mobile 📶   12:00 AM   100% ▭

蒙森 [德]

1 最狡猾的谎言会在最单纯的事实面前无地自容。

2 真正的战士必须善战，勇敢而又心甘情愿地服从。

3 历史是应该对现在有所教诲的，但是那种教诲不是粗浅意义的，不是翻翻书就可以在过去的记录中找出现在之病症的，也不是根据往日的症状就可以为现在开药方的。

4 想象力不仅是诗歌之母，也是史学之母。

5 生命因种种经验而千锤百炼。

6 战争重要的是求取政治上的成果，而不是军事上的成功。

7 缺乏一位有远大眼光可统观全局的政治领袖，因之做得不是太过，就是不及。

8 若想边界得以保全，军力的增强乃先决条件。

9 最可悲的事莫过于懦夫不幸有了机会做大胆的决定。

10 不要仰仗刀剑，而要仰仗人民的信赖。

🔊   😀 ⊕

特奥多尔·蒙森（Theodor Mommsen，1817—1903 年），德国法学家、历史学家、作家，主要著作《罗马史》5 卷（第 4 卷未完成），对近代罗马史学有相当影响，获 1902 年诺贝尔文学奖。另编著《拉丁铭文集成》《罗马国家法》等。

蒙森

♡ 赞

微言微语

爱心中的智慧　"言而无文，行知不远"，蒙森获诺贝尔文学奖可以说是实至名归！👍

和颜爱语　@爱心中的智慧：蒙森，历时 30 多年，写就名著《罗马史》，成为"最伟大的历史写作艺术大师"。看来学术著作也可摘取诺贝尔文学奖！

致　远　单凭"不要仰仗刀剑，而要仰仗人民的信赖"这一句，就可知其思想极具穿透力。

长　乐　谎言是伤口上的麻醉剂，真理提醒你应该给伤口止血、消毒、包扎。谎言掩盖不住事实。

玉宇无尘　假作真时真亦假，无为有处有还无。做人最基本的原则是善良和诚实，这样就可坦然面对得与失，活着不累。

绿之梦　@玉宇无尘：所以，要说老实话、干老实事、做老实人。

诚　宁　真正的战士除了要英勇善战之外，还要学会服从。有一首歌叫《团结就是力量》，而团结的基础是服从。如果一个团队你争我斗，就谈不上团结，因而就形成不了力量。当然，服从不等于盲从，面对错误的指令，下级应抱着对工作负责的态度，善意地提出自己的观点。

蔚　然　"阳光总在风雨后。"生命的精彩，在于千锤百炼。人生路上会遇到许多困难，在失败的教训中所得到的人生经验，会让我们的视野更加开阔。生命的过程，其实就是战胜苦难的过程。

●●●●○ Mobile 🛜 　　　12:00 AM　　　100% ▭

屠格涅夫 [俄]

1 一个人的个性应该像岩石一样坚固，因为所有的东西都建筑在它上面。

2 有些东西被创造出来，只不过是为了紧靠着你的心口，就只生存那一瞬间的光。但那光，叫永恒。

3 幸福没有明天，也没有昨天，它不怀念过去，也不向往未来，它只有现在。

4 世上有三种利己主义者：一种利己主义者是自己要活着，也要让别人活下去；另一种利己主义者是自己要活着，却不让别人活；最后一种利己主义者是自己不想活，也不让别人活……

5 要判定自己价值多少，那是别人的事情，重要的是做好你自己。你不比一颗星暗，不比一棵树低。

6 不会宽容别人的人，是不配受到别人的宽容的。

7 凡事只要看得淡些，就没有什么可忧虑的了；只要不因愤怒而夸大事态，就没有什么事情值得生气了。

8 你无论怎样喂狼，它的心总是向着树林的。

9 先相信你自己，然后别人才会相信你。

10 自尊自爱，作为一种力求完善的动力，是一切伟大事业的渊源。

🔊　_____ 😃 ⊕

屠格涅夫（Turgenev，1818—1883 年），19 世纪俄国批判现实主义作家，与托尔斯泰、陀思妥耶夫斯基并称俄国文学三巨头。代表作有《猎人笔记》《父与子》《罗亭》等。

屠格涅夫

微言微语

致　远　北大中文系钱理群教授有段话谈当今的利己主义，大意是说：精致的利己主义者懂得配合，善于利用体制达到自己的目的，这样的人一旦掌握权力，比一般的贪官污吏危害更大。

绿之梦　我倾向于第一种利己主义者，叫它包容性利己主义。

爱心中的智慧　@ 绿之梦：自利利他才是首选！

大梦千年　没有历史的广度，无以鉴现世；没有哲学的高度，无以瞻未来。

小　鱼　有些作品会永垂不朽。对我来说，《猎人笔记》是一部给人以无限艺术享受的不朽之作。❤

松　鼠　@ 小鱼：他的作品是我中学的回忆，他对自然的描写让人心醉。

美　晶　个性是一个人的本质特征，有的人默默无闻、埋头苦干，有的人狷介自傲、蔑视权贵；有的人举重若轻，四两拨千斤；有的人呕心沥血，死而后已……而天才的本质特征就是与众不同。我们要充分展示个性，相信世界之大，总有我们的舞台。如果失去了个性，那我们就丧失了存在的价值。

易　慧　小时候，得到一件想要的东西就是幸福；长大了，有了无穷无尽的欲望，从此，没有了真正的幸福……让我们回归孩童心态，哪怕只拥有一点点，也觉得幸福！🙂

豆包子　很多时候，一个人有多宽容，就有多大的格局。因为当你宽容了，更大的世界也就接受了你。

●●●●○ Mobile 📶　　　　　12:00 AM　　　　　100% 🔋

马克思 [德]

1 一个时代的精神，是青年代表的精神；一个时代的性格，是青春代表的性格。

2 哲学家们只是用不同的方式解释世界，而问题在于改变世界。

3 在科学的探索上，没有平坦的大路可走，只有那在崎岖的小路上不畏艰险奋勇攀登的人，才有希望到达光辉的顶点。

4 人的本质并不是单个人所固有的抽象物，实际上，它是一切社会关系的总和。

5 批判的武器不能代替武器的批判。

6 如果我们要给他的"沉静的"言论打个比喻，那最好是把真理比作燧石，它受到的敲打越厉害，发射出的光辉就越灿烂。

7 辩证法不崇拜任何东西，按其本质来说，它是批判的和革命的。

8 只能用爱来交换爱，只能用信任来交换信任。

9 经济基础决定上层建筑。

10 哲学不是叫人信仰它的结论，而只要求检验疑团。

卡尔·马克思（Karl Marx，1818—1883 年），德国伟大思想家、社会活动家，无产阶级革命导师。主要著作有《资本论》《德意志意识形态》《共产党宣言》等。

马克思

微言微语

致　远　　马克思和恩格斯创立的科学社会主义学说久经考验，成为之后不同历史时期社会运动的指路明灯。

爱心中的智慧　老马改变世界。

晨　光　　@爱心中的智慧：西方世界的民意调查中，马克思也以最多的票数当选"千年最伟大的思想家"！

星月夜　　认识问题、分析问题，无论做多少研究、论述，印多少文件、开多少会议，最终不解决问题，都是浪费时间、无功而返。

老　吴　　@星光：马克思的思想最大的魅力在于怀疑和批判。

米我登　　马克思的书值得反复看，比如《1844 年经济学哲学手稿》。

美　晶　　@米我登：同感！读研时有经典选读课，这本是必读书。至今难忘书里的一段话：如果你想得到艺术的享受，那你就必须是一个有艺术修养的人。如果你想感化别人，那你就必须是一个实际上能鼓舞和推动别人前进的人。

菜鸟文人　真理是不怕敲打的，也是敲不碎的。不管遇到什么障碍和困难，真理总要也总会为自己开辟道路。

桔　年　　信任是人与人之间良好交往的基础。信任有很多方面，比如信任你的能力，信任你的人品……

醋萝卜　　会思考的人，有一套自己的人生哲学和价值观，凡事都会多思考几层，尽量接近理解事物的本质。他们不会排斥新的理念，反而会更有兴趣去了解，去甄别，去选择。

●●●●○ Mobile 🛜 　　　12:00 AM　　　 100% ▭

恩格斯 [德]

1. 在一切艺术中，只有音乐才能产生与广大群众的合作，同时在表达力量上，音乐也是优胜者。

2. 我们根本没有想到要怀疑或轻视"历史的启示"；历史就是我们的一切。

3. 被断定为必然的东西，是由纯粹的偶然性构成的，而所谓偶然的东西，是一种有必然性隐藏在里面的形式。

4. 没有哪一次巨大的历史灾难不是以历史的进步为补偿的。

5. 自由不在于幻想中摆脱自然规律而独立，而在于认识这些规律，从而能够有计划地使自然规律为一定的目的服务。

6. 痛苦中最高尚的、最强烈的和最个人的——乃爱情的痛苦。

7. 对头脑正常的人来说，判断一个人当然不是看他的声明，而是看他的行动；不是看他自称如何如何，而是看他做些什么和实际上是怎样一个人。

8. 社会一旦有技术上的需要，则这种需要就会比十所大学更能把科学推向前进。

9. 一个民族要想站在科学的最高峰，就一刻也不能没有理论思维。

10. 一个聪明的民族，从灾难和错误中学到的东西会比平时多得多。

🔊 _____ 😄 ⊕

弗里德里希·恩格斯（Friedrich Engels，1820—1895年），德国思想家、革命家，无产阶级革命导师，卡尔·马克思的挚友，国际共产主义运动的领导人。主要作品有《自然辩证法》《家庭、私有制、国家的起源》《共产党宣言》等。

恩格斯

♡ 赞

微言微语

爱心中的智慧	如果爱是无趣的，神仙怎么会下凡呢？人间烟火，自有摄人心魄的美。爱音乐，爱自己。
先　赐	@爱心中的智慧：音乐是人类共通的语言。常听音乐，可以让人从烦恼中超脱出来，在心底开出花来。🌹
虫　儿	山阻石拦大江毕竟东流去，雪辱霜欺梅花依旧向阳开。
星月夜	我们永远不要去开华丽的菜单欺骗人，也永远不要做贩卖希望的人。
西欧文峰	@星月夜：能说会道其实是一种重要的技能，但天花乱坠通常只说明不靠谱。判断一个人，要看他的行动，而不是他的说辞。
陌　岸	对于灾难和错误，聪明的民族首先要做的是彻底深刻的反思。
绿之梦	@陌岸：敢于反思的民族可称得上伟大，勇于反思的人让人敬畏。
村夫野老	@陌岸 @绿之梦：古人云"前车覆，后车诫"，对于一个民族来说是这样，对于个人来说也是如此。只有勇于承认错误才能不断地提高自己、超越自己。
松　鼠	果然今日主题是恩格斯，总觉得他和马克思是一体的。
Deven	@松鼠：羡慕马克思与恩格斯的友谊。

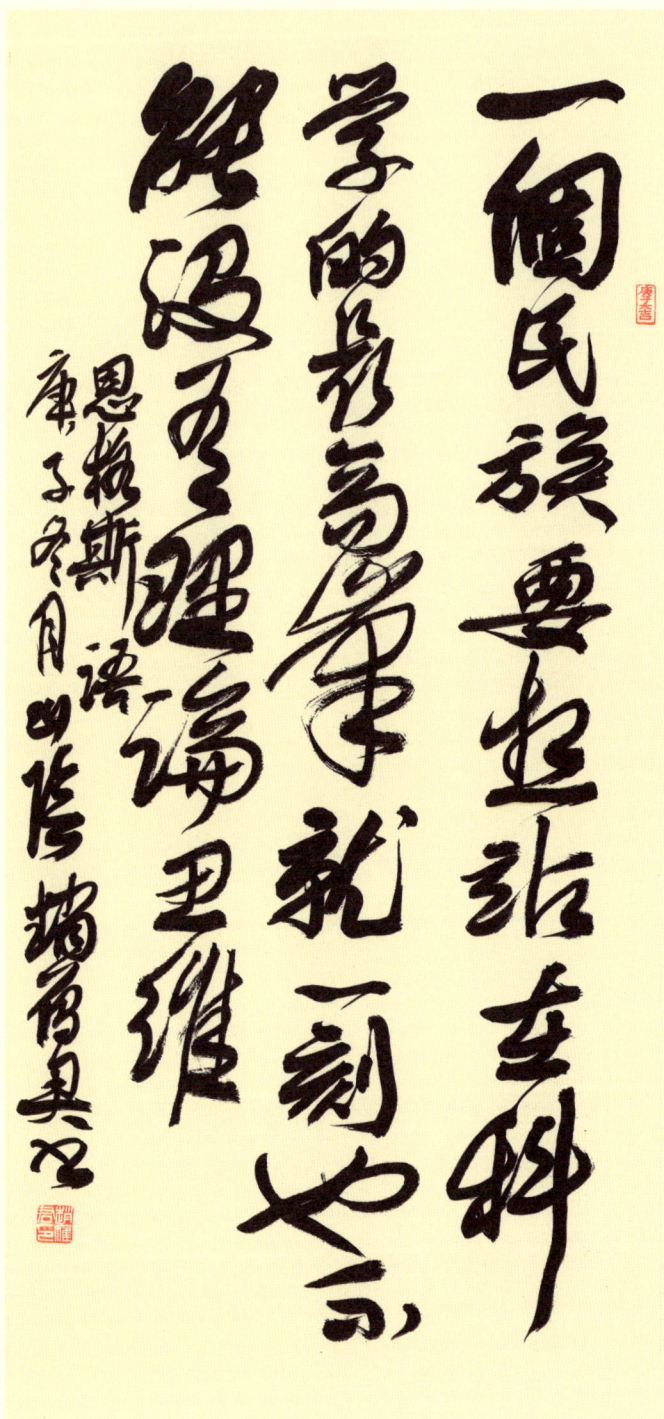

一個民族要走在科学的最高峰，就一刻也不能没有理论思维

恩格斯语

庚子冬月
书于浩墙斋主人

赵雁君

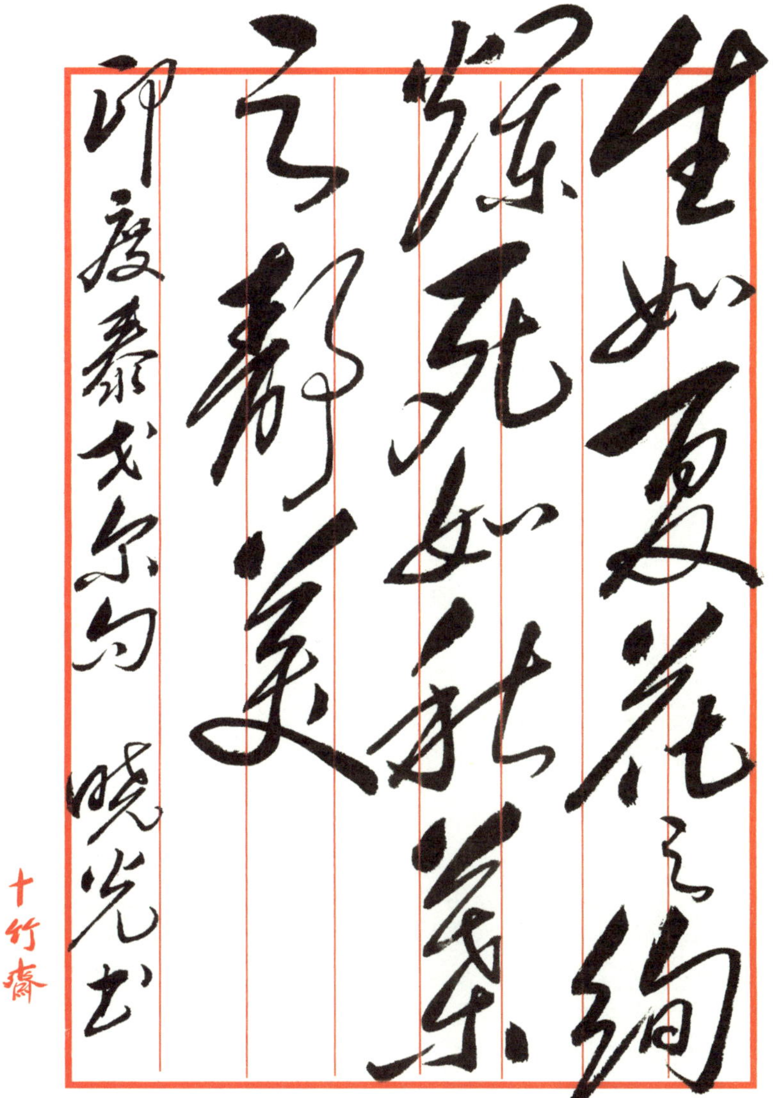

生如夏花之绚
烂死如秋叶
之静美

印度泰戈尔句 晓光书

十竹斋

113

杨晓光

●●●●○ Mobile 📶　　　12:00 AM　　　100% ▭

陀思妥耶夫斯基 [俄]

1. 一个人的后半辈子均由习惯组成，而他的习惯是在前半辈子养成的。

2. 没有理想，即没有某种美好的愿望，也就永远不会有美好的现实。

3. 一切都会过去的，唯有真理长存。

4. 对具有高度自觉与深邃透彻的心灵的人来说，痛苦与烦恼是他必备的气质。

5. 首先是最崇高的思想，其次才是金钱；光有金钱而没有最崇高的思想的社会是会崩溃的。

6. 同时追两只兔子将会一无所获。

7. 简洁是艺术性的第一个条件。

8. 大凡善良的人总喜欢把人往好处想，总是把人想得比实际上更好，总爱夸大他们的好处。

9. 为了做到尽善尽美，务必先对许多事不明白！如果明白得太快了，也许倒明白不透。

10. 谁能将生死置之度外，他就能获得新生；谁能战胜痛苦与恐惧，谁就能成为上帝。

陀思妥耶夫斯基（Dostoyevsky，1821—1881年），俄国作家，著有《罪与罚》《白痴》《群魔》《卡拉马佐夫兄弟》，作品以情节紧凑激烈、思想庞杂深邃著称。

陀思妥耶夫斯基

♡ 赞

💬 微言微语

绿之梦　我已进入后半辈子，怎么把前半辈子养成的好习惯弄丢了？我对现在的习惯很不满意。

桔　子　@绿之梦：前半辈子养习惯，后半辈子由习惯，过得不好改习惯。

乐陶陶　有人说，托尔斯泰代表了俄罗斯文学的广度，陀思妥耶夫斯基则代表了俄罗斯文学的深度。

爱心中的智慧　这个世界唯一不变的就是万事万物都在不停地变化，这就是永恒的真理！

金　毛　@爱心中的智慧：您从禅修主义又回到了辩证唯物主义。

和颜爱语　人的一生，大概就是要不断学习在理想与现实之间找到平衡。

尼　米　@和颜爱语：面对现实，忠于理想。我们总希望和美好的事物不期而遇，人就是要活在希望里呀。

闯天涯　一个人的精力和能力是有限的，不可能在各个领域都取得成就。只有把全部精力集中在一个确定的目标上，勇往直前，毫不动摇，才能取得成功。🙆

翠　绿　人的善良一定要有度！有时候看起来是在做善事，却可能因为各种原因而变成坏事。行善务必考察清楚，你的善良到底会造成什么样的后果。

●●●●○ Mobile 📶   12:00 AM   100% ▭

福楼拜 ［法］

1 非凡的激情才能产生卓越的作品。

2 与其说是为了爱别人而行善，不如说是为了尊敬自己。

3 所有杰作的秘诀全在这一点：题旨同作者性情相符。

4 写书跟养儿子不一样，却和建造金字塔一样，需要预先拟定计划，然后花费脑力、时间和汗水，将石头一块一块地堆砌上去。

5 文笔，犹如音乐：最美而且最珍贵的，是声音的纯洁。

6 我们对历史的无知使我们诽谤我们自己的时代。人们总是如此。

7 语言就是一架展延机，永远拉长感情。

8 对你所要表现的东西，要长时间很注意地去观察它，以便能发现别人没有发现过和没有写过的特点。

9 和白痴生气是冒使我们自己也会变成白痴的危险。

10 不论一个作家所要描写的东西是什么，只有一个名词可供他使用，用一个动词要使对象生动，一个形容词要使对象的性质鲜明。因此就得用心去寻找，直至找到那一个名词，那一个动词和那一个形容词。

居斯塔夫·福楼拜（Gustave Flaubert，1821—1880年），法国现实主义作家，西方现代小说的奠基者。代表作有《包法利夫人》《情感教育》《圣安东尼的诱惑》等。

福楼拜

♡ 赞

💬 微言微语

蜗牛尼　尊重历史就是尊重自己，就是尊重我们所处的这个时代。只有在正确三观的引导下，才能真正地尊重历史。树立正确的世界观、人生观、价值观非常重要。

爱心中的智慧　对他人慈悲，会让自己庄严。

和颜爱语　写作是写人生，写心灵，写体验，写感悟，写性情。

绿之梦　带着激情干事，方能干成事。文学创作如此，做其他工作也是如此。

玉　丫　生活中不缺乏美，缺少的是观察。用心观察就能发现美好的事物无处不在！

白玉草　俗话说：帮助他人，也等于是在帮助自己。这绝对不是一句空话。一直善良下去，就会离幸福更近。❤

小魔王　语言能拉近人与人之间的距离。我们要做会说话的人，言之有物、言之有序、言之有理、言之有情。

菜　农　福楼拜的作品，语言特别精雅，这是同他极端重视修辞分不开的。就算只是一个动词、名词或形容词，他也会细细斟酌。

虫　儿　看到福楼拜就想到莫泊桑的短篇小说《福楼拜家的星期天》。19世纪的法国真是群星璀璨。

●●●●○ Mobile 📶　　　12:00 AM　　　100% ▬

易卜生 [挪威]

1　如果你怀疑自己，那么你的立足点确实不稳固了。

2　人的灵魂表现在他的事业上。

3　青年时种下什么，老年时就收获什么。

4　岁月如流水，不断地逝去又源源而来，唯有青春一去不复回。

5　读书不能囫囵吞枣，而要从中吸取自己需要的东西。

6　金钱可以是许多东西的外壳，却不是里面的果实。

7　不因幸运而故步自封，不因厄运而一蹶不振。真正的强者，善于从顺境中找到阴影，从逆境中找到光亮，时时校准自己前进的目标。

8　社会犹如一条船，每个人都要有掌舵的准备。

9　伟大的事业，需要决心、能力、组织和责任感。

10　朋友是生活中的阳光。

易卜生（Ibsen，1828—1906年），挪威戏剧家、诗人，被称为"现代戏剧之父"，代表作《玩偶之家》《人民公敌》等对后世影响深远。

易卜生

♡ 赞

💬 微言微语

致　远　顺境也好，逆境也罢，都是行旅途中的风景，就看你怎么欣赏。

和颜爱语　顺境中不迷失的是智者，逆境中不倒下的是强者。

绿之梦　金钱不是万能的，没有金钱是万万不能的。钱不在多，在于知足。这样的金钱观，不知道易卜生先生认同不？

木　鱼　@绿之梦：刚刚去世的101岁的老洛克菲勒孙子生前留下遗言：物质很大程度上可以让一个人过得快乐。不过，如果你没有好友和亲人，会非常空虚和难过，那时物质的东西也不重要了。

尚　舟　@木鱼：亲情贵于金钱，友情贵于物质！

玉　丫　要想在秋天收获硕果，就不能错过春天播种的时节。人生也是如此，要想在老年时有所收获，青年时就要努力播种。

神奇麦迪　在人生的道路上难免会遇到很多困难，但是我们要坚持下去，相信自己，勇往直前。

菜　农　易卜生的作品值得反复回味。胡适还专门写了文章谈易卜生主义。

●●●●○ Mobile 🛜 　　　12:00 AM　　　　 100% ▱

车尔尼雪夫斯基 [俄]

1 没有目标，哪来的劲头?

2 为人粗鲁意味着忘却了自己的尊严。

3 灵感是一个不喜欢拜访懒汉的客人。

4 创造历史的人，是不应当怕弄脏自己的手的。

5 真理之所以为真理，只是因为它是和谬误以及虚伪对立的。

6 生活只有在平淡无味的人看来才是空虚而平淡无味的。

7 理论上一切争论而未决的问题，都完全由现实生活中的实践来解决。

8 要把学生造就成一种什么人，自己就应当是什么人。

9 人的活动如果没有理想的鼓舞，就会变得空虚而渺小。

10 一个没有受到献身的热情所鼓舞的人，永远不会做出什么伟大的事情来。

尼古拉·车尔尼雪夫斯基（Nikolay Chernyshevsky，1828—1889年），俄国作家、评论家、社会活动家。代表作有《怎么办》《艺术与现实的美学关系》《资本和劳动》等。

车尔尼雪夫斯基

♡ 赞

💬 微言微语

乐陶陶　"要把学生造就成一种什么人，自己就应当是什么人。"身教重于言传，学习、修身永远在路上！

绿之梦　@乐陶陶：从学生、老师联想到孩子、家长。身体力行，言传身教，什么样的家风，造就什么样的孩子。

和颜爱语　"一个没有受到献身的热情所鼓舞的人，永远不会做出什么伟大的事情来。"撸起袖子加油干！🐷

致　远　没有问题的生活固然平淡，有问题而得不到妥善解决的生活更显困顿。

爱心中的智慧　更多的时候是有目标没有劲头，也许是目标定位出了差错。

玉　丫　人如果没有理想，那么和咸鱼有什么分别？

深南斯　尊严不应依附于权力、地位、财富以及表面的威严，而在于人的品德、修养、才识和意志。

维　尼　"天才就是百分之一的灵感，加上百分之九十九的汗水。"我们每个人都羡慕天才，希望自己是天才，那为什么不勤奋努力呢？只有勤奋地耕耘，才能弥补才干的缺乏和灵感的不足。

牛从恩　"世界上最快乐的事，莫过于为理想而奋斗。"找到自己前进的方向，然后大步向前走，理想才会离我们更近一步。

●●●●○ Mobile 🛜　　　12:00 AM　　　100% ▭

托尔斯泰 ［俄］

1 理想是指路明灯，没有理想，就没有坚定的方向；而没有方向，就没有生活。

2 英雄主义在于为信仰和真理而牺牲自己。

3 重要的不是知识的数量，而是知识的质量，有些人知道很多很多，却不知道最有用的东西。

4 人生的价值，并不是用时间，而是用深度去衡量的。

5 被人爱和爱别人是同样的幸福，而且一旦得到它，就够受用一辈子。

6 每个人的心灵深处都有着只有他自己理解的东西。

7 一个人就像一个分数，他的实际才能好比分子，而他对自己的估价好比分母。分母愈大则分数值愈小。

8 一个有良知而纯洁的人，觉得人生是一件甜美而快乐的事。

9 幸福存在于生活之中，而生活存在于劳动之中。

10 幸福的家庭都是相似的，不幸的家庭各有各的不幸。

列夫·尼古拉耶维奇·托尔斯泰（Tolstoy，1828—1910 年），19 世纪中期俄国批判现实主义作家、思想家、哲学家。代表作有《战争与和平》《安娜·卡列尼娜》《复活》等。

托尔斯泰

♡ 赞

💬 微言微语

湖 波　第三句告诉我：知道得多没用，关键是质量！

明 杰　人生太短，岁月太长。生活是公平的，要活出精彩，需要一颗奋进的心。

爱心中的智慧　人这一辈子要干的事：见天地，见众生，见自己。

绿之梦　@ 爱心中的智慧：做到见自己，那境界很高了。

木 杨　"被人爱和爱别人是同样的幸福"，越早明白这一点，生活就会越幸福。

致 远　人生就像一本厚厚的书，不同阅读方式获得的体验是完全不一样的。

和颜爱语　想起一个说法：不认识托尔斯泰者，不可能认识俄罗斯。

虫 儿　劳动创造生活，也创造幸福！

琼 飞　理想总是在现实中不断被修正，所以不是有了理想才有生活，也许恰恰是有了生活才有更多的理想。当然，那些一开始就能坚定地确定理想，并且坚定地实现理想的人除外，他们无疑是纯洁而幸福的。

星月夜　也可以这样说：不幸的家庭都是相似的，幸福的家庭各有各的幸福。

燕 子　人的价值，在于创造的价值，而不在于享受了多少物质。

●●●●○ Mobile 📶　　　12:00 AM　　　100% ▭

诺贝尔 [瑞典]

1 生命，那是自然付给人类去雕琢的宝石。

2 我更关心生者的肚皮，而不是以纪念碑的形式对死者缅怀。

3 人生最大的快乐不在于占有什么，而在于追求什么的过程。

4 人类从新发现中得到的好处总要比坏处多。

5 科学研究的进展及其日益扩充的领域将唤起我们的希望。

6 我的理想是为人类过上更幸福的生活而发挥自己的作用。

7 传播知识就是播种幸福。

8 在这个爆炸性的世界上能够看到开放得像玫瑰花那样鲜红的和平之花，会让人抱着越来越真诚的希望。

9 我真想发明一种具有那么可怕的大规模破坏力的特质或机器，以至于战争将会因此而永远变为不可能的事情。

10 金钱这东西，只要能够维持生活就行了，若是多了它就会成为遏制才能的祸害。

🔊 ＿＿＿＿＿＿＿＿＿＿＿＿＿ 😄 ⊕

阿尔弗雷德·伯纳德·诺贝尔（Alfred Bernhard Nobel，1833—1896 年），瑞典化学家、发明家、实业家、军工装备制造商和炸药的发明者。根据其遗嘱，用他的部分遗产创立了诺贝尔基金，从 1900 年开始奖励物理、化学、和平等六大领域内的杰出人士。

诺贝尔

微言微语

陶　辞　先进的科学发明要为人类带来快乐和幸福，而不是战争与痛苦！

爱心中的智慧　诺贝尔和诺贝尔奖永远留在人类文明史册上。

和颜爱语　他是人类社会一张世界级名片，千辛万苦创造财富，甚至因此死了两名兄弟，却又把财富交给世界和后人。我们将永远铭记这位巨匠。

致　远　钱够用就行，多了也是负资产。

玉　丫　如果真有一种东西可以制止战争，那世界就美好多了！

兔　子　"传播知识就是播种幸福"，对我来说，现阶段，获得知识就是大大的幸福。😝

凤　舞　科技是把双刃剑，一方面能够帮助人类告别愚昧和落后，另一方面也可能给人类带来无尽的灾难。合理使用好这把剑，我们才能让它发挥出最大的效用。

丹尾七　知识就是力量。有了知识，我们就可以区别真理和谬误，可以分清高尚和渺小。同时，将知识传播给他人也是一种幸福。

白秀文　其实幸福就是一个攀爬的过程，而每一个台阶都要由风雨来浇铸。哪怕一无所有，哪怕孤身一人，哪怕处境艰难，也要从容生活、勇于追求、笑对人生。只有足够坚强，才能从心底感到快乐。

亲欧风　@白秀文：对于很多人来说，人生恐怕就只有一句话可以概括：为钱而活着。然而我们需要明白的是，赚钱不是人的唯一使命。只有在金钱面前保持一颗平常心，才能从心底体会到自由。

●●●●○ Mobile 📶　　　　12:00 AM　　　　100% ▭

 **马克·吐温** [美]

1. 别到处说世界亏欠了你。世界什么都不欠你的，你还没出生它就在这儿了。

2. 美貌和魅力原是两种要拿的东西，幸而不是所有的美女全都有魅力，往往是相貌平常的女人反而另有一种妩媚之处。

3. 在衣着上你可以不修边幅，但切不可让灵魂染上污点。

4. 人类是唯一会脸红的动物，或是唯一该脸红的动物。

5. 实话是我们最宝贵的东西。我们节省着使用它吧。

6. 真诚的朋友、良好的书本和沉睡的良心，这就是理想的生活。

7. 如果你懂得使用，金钱是一个好奴仆，如果你不懂得使用，它就变成你的主人。

8. 悲伤可以自行料理；而欢乐的滋味如果要充分体会，你就必须有人分享才行。

9. 狂热的欲望，会诱出危险的行动，干出荒谬的事情来。

10. 善良，是一种世界通用的语言，它可以使盲人看到，聋子听到。

马克·吐温（Mark Twain，1835—1910 年），美国小说家、演说家，以文风幽默讽刺见长。代表作有《百万英镑》《哈克贝利·费恩历险记》《汤姆·索亚历险记》等。

马克·吐温

♡ 赞

微言微语

绿之梦	从生理学上讲，脸红是情绪激动、内心紧张，或心有愧疚等引起的。常怀愧疚之心，红红脸、出出汗，时常反省自己、警醒自己，真的很有必要。	

君　君　世间一切乃众缘合和，集众力所成，非独一人所能，是故当怀感恩之心。

致　远　狂热的欲望是魔鬼，会吞噬人的灵魂，正所谓"上帝欲使其灭亡，必先使其疯狂"。

乐陶陶　"真诚的朋友、良好的书本和沉睡的良心，这就是理想的生活。"最喜欢这句！

和颜爱语　一个排字工人出身的社会底层人士，成为美国批判现实主义文学的奠基人。

玉　丫　@和颜爱语：马克·吐温是美国的一面镜子。

艾　草　有些事我们可以不拘一格，有些事我们必须认真对待，而很好地辨别两者则需要非凡的智慧。

炫我青春　说实话，被视为善良，但如果总是说实话，也许会在不经意间给人造成伤害。成熟的人，会把握说实话的分寸，看得穿，不说破，顾全别人的面子。

老　吴　生而不易，那便用幽默抵抗苦楚吧。

●●●●○ Mobile 📶　　　12:00 AM　　　100% ▬▬

洛克菲勒 ［美］

1　我不靠天赐的运气活着，但我靠策划运气发达。

2　一个人不是在计划成功，就是在计划失败。

3　命运给予我们的不是失望之酒，而是机会之杯。

4　智慧之书的第一章，也是最后一章，就是天下没有免费的午餐。

5　往上爬的时候要对别人好一点，因为你走下坡路的时候会碰到他们。

6　我们的命运由我们的行动决定，而绝非完全由我们的出身决定。

7　只要不变成习惯，失败是件好事。

8　人要有远见，只有长时间的吃苦，才有长时间的收获。

9　在我眼里金钱像粪便一样，如果你把它散出去，就可以做很多的事，要是把它藏起来，它就会变得臭不可闻。

10　没有想好最后一步，就永远不要迈出第一步。

约翰·洛克菲勒（John Davison Rockefeller，1839—1937 年），美国慈善家、资本家。他 1870 年创立标准石油公司，是 19 世纪第一个亿万富翁，并且创办了芝加哥大学和洛克菲勒大学。

洛克菲勒

♡赞

💬 微言微语

致 远 "人无远虑，必有近忧"，看得远，想得全，行得稳，方可致远。

星月夜 我最幸运的，就是在十几年前将这些话记在了心里。它们一直陪伴着我。

和颜爱语 缔造石油帝国，开创慈善事业，创办顶级大学……洛克菲勒一生留下的宝贵财富太多了。

凌 子 @和颜爱语：他的成功不仅在于会赚钱，更在于会花钱。

有容乃大 钱财如粪土，仁义值千金，天下同理。

绿之梦 @有容乃大：前提是社会更加公平、正义，上升通道畅通无阻。

爱心中的智慧 把每一步都想得很"周全"，又怎能迈得开步子？

玉 丫 宝剑锋从磨砺出，梅花香自苦寒来。只有经历了苦难，才会有满满的收获。

阿斯蒂 发不了财的、升不了官的，都埋怨命运不好。然而，仔细想想吧！过失还是在于自己。每个人都是自己命运的建筑师，自己的命运永远掌握在自己的手里。

大王历险记 "天下没有免费的午餐。"这是最有道理的话。你要收获，就必须有所付出；你要成功，也必须有所付出，而且要坚持不懈地付出。记住，世上没有不劳而获的事情。

曹家湾 失败有它的杀伤力，它可以让人萎靡、颓废，丧失斗志和意志力。但是乐观的人会在苦难中看到机会。一个聪明的"失败者"知道如何向失败学习，从失败的经验中汲取成功的因子。

●●●●○ Mobile 📶　　　12:00 AM　　　100% 🔋

罗丹 ［法］

1　生命之泉，是由心中飞涌的；生命之花，是自内而外开放的。

2　倏忽的灵感事实上不能代替长期的功夫。

3　贫而懒惰乃真穷，贱而无志乃真贱。

4　工作就是人生的价值，人生的欢乐，也是幸福之所在。

5　现代人最大的缺点，是对自己的职业缺乏爱心。

6　世间的活动，缺点虽多，但仍是美好的。

7　为了在生活中努力发挥自己的作用，热爱人生吧!

8　生活中不是没有美，而是缺少发现美的眼睛。

9　艺术之源，在于内在的真，你的形，你的色，都要传达情感。

10　所谓大师，就是这样的人，他们用自己的眼睛去看别人见过的东西，在别人司空见惯的东西上发现美。

奥古斯特·罗丹（Auguste Rodin，1840—1917年），法国伟大的现实主义雕塑艺术家，主要雕塑作品有《思想者》《加莱义民》《青铜时代》等。

罗丹

♡ 赞

微言微语

星月夜　选择一份可以当作事业的工作，精心耕耘，沉浸其中，则快乐幸福自得。

勤　娟　@星月夜：热爱自己的职业，就能发现工作中的美，体会工作时的快乐。

和颜爱语　罗丹勇于突破学院派的束缚，走自己的路，任人说好说坏，与其学生马约尔和布德尔并称欧洲雕刻三圣。

陶　辞　罗丹，一辈子用心去刻画人生的大师！👍

爱心中的智慧　@陶辞：罗丹的作品偏爱悲壮的主题，善于从残破中发掘出力与美，使人动情，启人深思。

绿之梦　我感受到了罗丹的力量：热爱工作，热爱生活，热爱美好的一切。

仙　鹤　只有热爱生命，才能发现美；要善于发现美，还要用人生去创造更多的美。美美与共，大爱无穷；慈慈相生，慈心至美！🌹

凌　子　爱是百善之源。爱己爱人爱家爱自然，处处可创造美，时时可发现美，人人可感受美，各美其美，美人之美，美美与共，天下大同。

●●●●○ Mobile 📶　　　12:00 AM　　　100% 🔋

威廉·詹姆斯 ［美］

1 一个小人物的救助永远是一种伟大的救助，最伟大的因素正是由于他的渺小。

2 我们每个人在内心深处都觉得，对于生命持一种无忧无虑的淡泊态度，将抵偿自身的一切缺点。

3 智慧的艺术就是懂得该宽容什么的艺术。

4 宗教是记载人类的自我主义的历史中的极重要的一章。

5 宽宏精神是一切事物中最伟大的。

6 真正的文化以同情和赞美为生，而不是以憎厌和轻蔑为生。

7 清醒总是意味着退缩、辨别和反对，酣醉则总意味着扩张、一致和赞同。

8 哲学生活在言词中，而真理和事实则以远胜于语言公式的种种方式涌入我们的生活。

9 不管你知道多少金玉良言，不管你具备多好的条件，在机会降临时，你若不具体加以运用，就不会有进步。自己有好的构想，而不贡献出来，人生就不会改善。

10 信仰就是生命之车。

威廉·詹姆斯（William James，1842—1910 年），美国本土第一位哲学家和心理学家，实用主义的倡导者，著有《心理学原理》《实用主义》等。

威廉·詹姆斯

微言微语

133

圣 民　记得父亲离去时，满屋都是他的影子，满屋却没有他。

明 杰　严以律己，宽以待人。把放大镜对准自己，把望远镜对准别人。

虫 儿　@ 明杰：宽以待人不仅是胸襟宽广的表现，也是明智之举。宽容可以让我们少去很多烦恼。

爱心中的智慧　深观生命的无常，还有什么不能释怀？

和颜爱语　信仰就是生命之车的方向盘。

致 远　行动是通往成功的桥梁。没有行动的梦想只是梦想，唯有行动才会成就非凡。

玉 丫　非淡泊无以明志，非宁静无以致远。人若达到这样一种境界，成功也就不远了。

陶 辞　@ 玉丫：人若达到这样一种境界，也不在乎成功与否了。

兔 子　哲学家萨特曾经说过：世界上有两样东西是亘古不变的，一是高悬在我们头顶上的日月星辰，一是深藏在每个人心底的高贵信仰。

斌 斌　@ 兔子：所以说，不要忘了仰望星空，也不要忘了低头沉思。

●●●●○ Mobile 📶　　　12:00 AM　　　100% 🔋

 **尼采** [德]

1 每一个不曾起舞的日子，都是对生命的辜负。

2 其实人跟树是一样的，越是向往高处的阳光，它的根就越要伸向黑暗的地底。

3 我感到难过，不是因为你欺骗了我，而是因为我再也不能相信你了。

4 人的精神有三种境界：骆驼、狮子和婴儿。第一境界骆驼，忍辱负重，被动地听命于别人或命运的安排；第二境界狮子，把被动变成主动，由"你应该"到"我要"，一切由我主动争取，主动负起人生责任；第三境界婴儿，这是一种"我是"的状态，活在当下，享受现在的一切。

5 一切美好的事物都是曲折地接近自己的目标，一切笔直都是骗人的，所有真理都是弯曲的，时间本身就是一个圆圈。

6 人类的生命，不能以时间长短来衡量，心中充满爱时，刹那即为永恒！

7 所谓高贵的灵魂，即对自己怀有敬畏之心。

8 人生是污秽的川流，要想容纳并使之澄清，人自身就要成为大海。

9 人没有了痛苦就只剩下卑微的幸福。

10 如果一个风向跟我作对，我就乘一切风扬帆！

🔊 _____ 😃 ⊕

尼采（Nietzsche，1844—1900年），德国古典学者、伟大哲学家，非理性主义哲学和现代西方哲学开创者，主要著作有《权力意志》《悲剧的诞生》《查拉图斯特拉如是说》等。

尼采

♡ 赞

微信 **微言微语**

和颜爱语　尼采24岁就成为瑞士巴塞尔大学教授，他说人的精神有三种：骆驼、狮子和婴儿，像骆驼一样忍辱负重，像狮子一样主动负起人生责任，像婴儿一样活在当下。

陶　辞　@和颜爱语：用骆驼、狮子、婴儿来形容三种不同的境界，太精辟了。我喜欢第三种境界：活在当下，享受现在的一切！

星月夜　每一天都有可能是人的最后一天，所以要把每一天当成最后一天去珍惜。

宁　宁　越向往高处，根基越重要。

虫　儿　@宁宁：想起一句歌词："你仰望到太高，贬低的只是自己。"

兽　儿　@虫儿："做什么也好，别为着得到赞赏。"我补充这句，出自同一首歌。

江　天　人最不能缺少的两样品格是知敬畏、懂感恩。

青　桐　大海的磅礴，是承载了江河入海的泥沙俱下。

爱心中的智慧　人处于痛苦中时，最能够修身养性！

玉　丫　尼采的话如心灵咒语，默念它，就没有人能伤害你，没有事能困扰你。

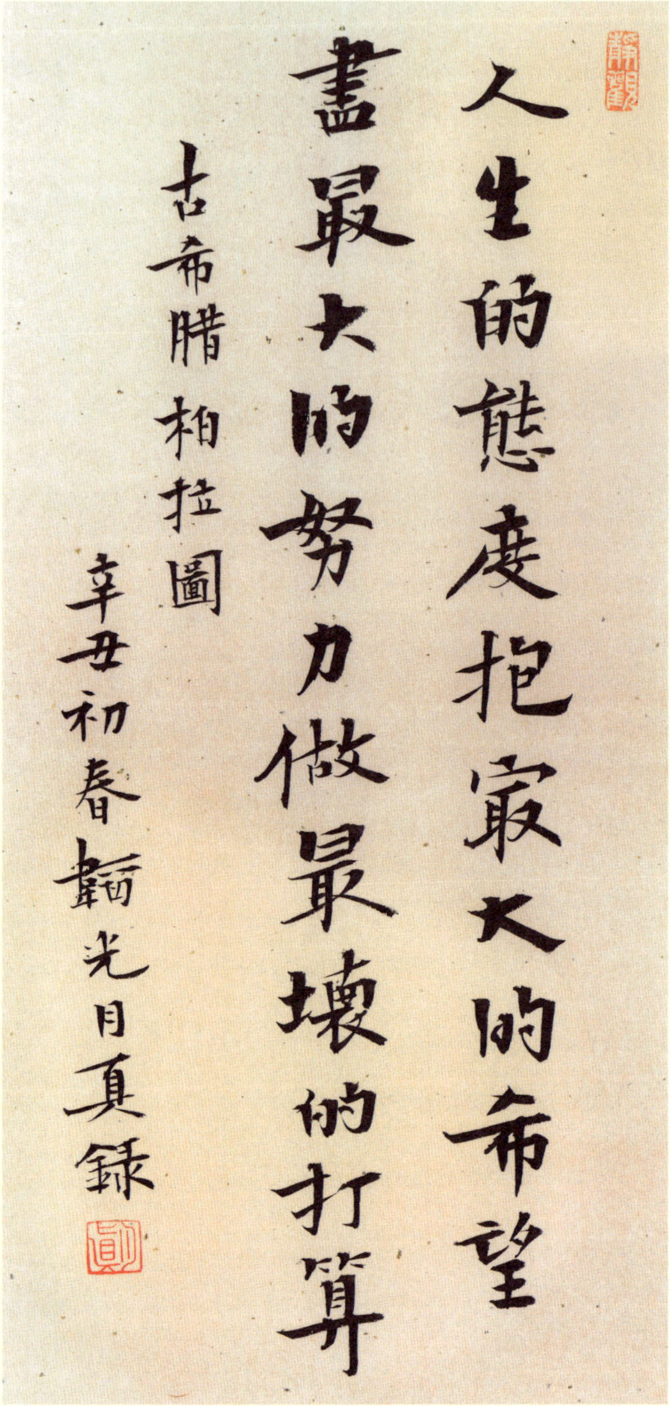

人生的態度抱最大的希望

盡最大的努力做最壞的打算

古希腊 柏拉圖

辛丑初春 翰光月真錄

月真

滴滴之水终可磨损大石不是由于它力量绝大而是由于昼夜不舍的滴坠只有勤奋不懈的努力才能够获得那些技巧与才华 语言 老泽书

李志伟

●●●●○ Mobile 📶　　　　12:00 AM　　　　100% ▬▬

爱迪生 ［美］

1　天才是百分之一的灵感，百分之九十九的血汗。

2　好奇心就是科学的种子。

3　读书之于精神，恰如运动之于身体。

4　友谊能增进快乐，减轻痛苦，因为它能倍增我们的喜悦，分担我们的烦恼。

5　荣誉感是一种优良的品质，因而只有那些禀性高尚、积极向上或受过良好教育的人才具备。

6　教育之于心灵，犹雕刻之于大理石。

7　世间没有一种具有真正价值的东西，可以不经过艰苦辛勤的劳动而得到的。

8　失败也是我需要的，它与成功对我一样有价值。

9　好动与不满足是进步的第一必需品。

10　发明家脑子里想出来的发明多半是不实用的，只有从社会需要中自然产生出来的发明才有意义。

托马斯·爱迪生（Thomas Alva Edison，1847—1931年），美国著名发明家、企业家。他拥有超过1000项专利发明，其中留声机、电影摄影机、电灯对世界有极大影响，此外，他还创立了留存至今的通用电气公司。

爱迪生

♡ 赞

微言微语

陶　辞　人的精神需要读书来满足，人的身体需要运动来锻炼。

兽　儿　@陶辞：三天不运动，身体就僵硬；三天不学习，脑子就不转。

和颜爱语　天才在于勤奋。

星月夜　@和颜爱语：百分之九十九的汗水固然重要，但那百分之一的灵感也不可小觑。在通往成功的道路上，如果说勤奋是方向盘，那灵感就是"捷径"。

爱心中的智慧　失败可能是成功之母，也可能是失意的渊薮。

致　远　@爱心中的智慧：失败与成功一样有价值，至少让你知道了哪条路行不通。

虫　儿　@致远：失败是成功的垫脚石。没有经历过失败的成功，基础不牢。

明　杰　荣誉感可以激发人的责任心，而负责任能够让人体会到由衷的满足和快乐。

娟　子　永不安于现状是进步的动力源泉。

玉　丫　想起了小时候读的"三个小板凳"的故事。爱迪生在课堂上交了一个凳子，凳子的腿是斜的，老师说再也找不到比这个还丑的凳子了。没想到爱迪生说还有两个更丑的凳子。任何事情，只要坚持，总会有进步。

兔　子　有友谊相伴，便觉不那么孤单了！

●●●●○ Mobile 📶　　　　12:00 AM　　　　100% ▭

莫泊桑 ［法］

1 人生道路是漫长的，关键时候只有几步，特别是你不太年轻的时候。

2 时间的脚步是不会因为我们有许多事情要处理而稍停片刻的。稍纵即逝的机会，更不会因为我们的犹豫不决而等待我们。

3 作家的伟大就在于把一个人人都能想到的故事，以人人都想不到的手法表现出来。

4 爱情是一本教科书，它教我们怎样做人。

5 生活中有两个悲剧：一个是你的欲望得不到满足，另一个则是你的欲望得到了满足。

6 世上真不知有多少能成就功业的人，都因为把难得的时间和机会轻轻放过，以致默默无闻了。

7 床陪伴我们终生，我们生在上面，长在上面，最后将死在上面。

8 普通人一般极少去想那些有关人生价值以及和世界观有关的问题，只有当死亡来临或平静的生活中出现重大变故时，麻木的内心世界才会受到哲学和宗教的触动。

9 应该时刻躲避那些走熟了的路，去寻找一条新路。

10 世界上只有和谐的美才有价值。

🔊　　　　　　　　　　　　　　　😃　⊕

莫泊桑（Maupassant，1850—1893 年），19 世纪下半叶法国批判现实主义作家，与俄国的契诃夫和美国的欧·亨利并称世界三大短篇小说巨匠。代表作有《项链》《羊脂球》和《我的叔叔于勒》等。

莫泊桑

♡ 赞

微言微语

和颜爱语　莫泊桑，世界三大短篇小说巨匠之一，法国文学史上短篇小说创作数量最多、成就最高的作家，因长期高强度写作，43 岁英年早逝。

明　杰　@和颜爱语：关于莫泊桑，印象最深刻的是他的短篇小说《福楼拜家的星期天》，非常法式的文笔，描写一个法式的周末，极富画面感。

湖　波　读过莫泊桑的小说《项链》。一个小职员的妻子为了虚荣借了一串项链去参加上流社会的舞会，结果项链丢失了。若干年后千辛万苦攒够了钱买一条与丢失那条一样的项链。当还给人家时，主人说原来那条是假的。故事的结局如此出人预料，可见莫泊桑世事洞明，手法犀利。

乐陶陶　@湖波：莫泊桑的小说常常是"意料之外，情理之中"。正如他说的："极细小的事情可以成全你，也可以败坏你。"

爱心中的智慧　人要活在希望里而不是欲望中！

绿之梦　中国有句俗话：女怕嫁错郎，男怕入错行。

玉　丫　细想想，床真的陪伴我们最久。困了，累了，难过了，都想在床上躺一躺。

兔　子　机会总是给那些有准备的人。当上帝为你打开一扇门的时候，要抓紧时机，否则时不待人。

●●●●○ Mobile 📶　　　12:00 AM　　　100% 🔋

弗洛伊德 [奥地利]

1　没有所谓玩笑，所有的玩笑都有认真的成分。

2　精神健康的人，总是努力地工作并爱人，只要能做到这两件事，其他的事就没有什么困难。

3　良心是一种内心的感觉，是对于躁动于我们体内的某种异常愿望的抵制。

4　对于成功的坚信不疑时常会导致真正的成功。

5　人生就像弈棋，一步失误，全盘皆输，这是令人悲哀之事；而且人生还不如弈棋，不可能再来一局，也不能悔棋。

6　人生有两大悲剧：一个是没有得到你心爱的东西；另一个是得到了你心爱的东西。人生有两大快乐：一个是没有得到你心爱的东西，于是可以寻求和创造；另一个是得到了你心爱的东西，于是可以品味和体验。

7　没有一个没有理智的人能够接受理智。

8　笑话给予我们快感，是通过把一个充满能量和紧张度的有意识过程转化为一个轻松的无意识过程。

9　任何五官健全的人必定知道他不能守住秘密。如果他的嘴唇紧闭，他的指尖会说话，甚至他身上的每个毛孔都会背叛他。

10　道德感是人的独特品质的一个组成部分。

西格蒙得·弗洛伊德（Sigmund Freud，1856—1939年），奥地利精神病医师、心理学家、精神分析学派创始人，开创了潜意识研究的新领域，奠定了现代医学模式的新基础。代表作为《梦的解析》。

弗洛伊德

❤ 赞

💬 微言微语

和颜爱语　人生就像弈棋，一步失误，不一定全盘皆输。中国智慧告诉我们，可以亡羊补牢。

致　远　曾有多少人由衷地感叹：如果人生能够重来……人生不可能重来，把握好当下，少些遗憾，这才是应有的态度。

绿之梦　玩笑背后都有认真的成分，多少真话假以玩笑之名！

前　方　玩笑就是诙谐中的话里有话。

星月夜　下棋无论输赢，最希望的是与高手过招。即使输了，亦有长进。

爱心中的智慧　"努力地工作并爱人"，踏实地活着，这就是幸福吧。

玉　丫　笑话听一听，开怀笑一笑，一切烦恼都是浮云。

兔　子　语言不一定用嘴表达，肢体语言同样会传递想法。

乐陶陶　良心是对过分的欲望的抵制。良心出于天然，却也需要后天有所坚持，坚持对自我的要求，坚持做符合人性之光的事。

李　子　只有理智还不够，常识也很重要。无知经常导致自以为是，无知的人大多不知道自己是否理智。

虫　儿　@李子：的确是这样。那些无知却去指责别人的人，该多读读这些闪烁着智慧光芒的哲人语录。🤭

●●●●○ Mobile 📶　　　12:00 AM　　　100% ▭

萧伯纳 [英]

1　你有一个苹果，我有一个苹果，我们交换一下，一人还是一个苹果；你有一个思想，我有一个思想，我们交换一下，一人就有两个思想。

2　我年轻时注意到，我每做十件事有九件不成功，于是我就十倍地去努力干下去。

3　成功网罗着大量的过失。

4　有信心的人，可以化渺小为伟大，化平庸为神奇。

5　所谓爱国心，是指你身为这个国家的国民，对于这个国家，应当比对其他一切的国家感情更深厚。

6　我的生命属于整个社会；在我有生之年，尽我力所能及地为整个社会工作，就是我的特殊的荣幸。

7　人生的真正快乐是致力于一个自己认为是伟大的目标。

8　人生不是一支短短的蜡烛，而是一支由我们暂时拿着的火炬，我们一定要把它燃得十分光明灿烂，然后交给下一代的人。

9　许多伟大的真理开始的时候都被认为是亵渎行为。

10　自我控制是最强者的本能。

萧伯纳（George Bernard Shaw，1856—1950 年），
爱尔兰剧作家、评论家，代表作有《圣女贞德》《伤
心之家》《华伦夫人的职业》等。

萧伯纳

♡ 赞

微言微语

李 子　探求真理的过程，就是对旧有事物怀疑并与之斗争的过程。

爱心中的智慧　@ 李子：与众人保持一致给人安全感，所以那些敢于怀疑、批
　　　　　　　判、抗争的人总是孤独的。

陶 辞　人生的快乐在于不断地追求一个个目标！

致 远　热爱生于斯长于斯的土地及这块土地上的人民是爱国心最简单直接的表达。

阳 光　萧伯纳还有一句话很知名：想结婚的就去结婚，想单身就维持单身，反
　　　　正到最后你们都会后悔。

绿之梦　真理出现时，颠覆了当时人们固有的认知，这就是真理掌握在少数人手
　　　　中的原因。

乐陶陶　养成了每晚睡前学习"名人十句经典"的习惯。😊

和颜爱语　苹果的交换还是苹果，思想的交换就是智慧，心灵的交换就是情感。

玉 丫　有了信心，凡事皆可四两拨千斤！

熊 猫　强者都有很好的自控力。也可以说，越是自律的人越自由。

五乎切　萧伯纳与王尔德对比起来看，让人颇为感慨啊！

●●●●○ Mobile 📶　　　　12:00 AM　　　　100% ▭

柯南道尔 ［英］

1　一个蠢货，往往会得到一个比他更蠢的家伙的仰慕和赞美。

2　漫无目标，无书不读的人，他们的知识是很难精湛的。

3　人的脑子本像一间空空的小阁楼，应该有选择地把一些家具装进去，只有傻瓜才会把他碰到的各种各样的破烂杂碎一股脑儿装进去。

4　一声不吭的狗咬人最狠毒。

5　因世间的一切就像根链条，我们只需瞧见其中一环，就可知全体的性质。

6　一个为艺术而艺术的人，常常从最不重要和最平凡的形象中获得最大的乐趣。

7　也许你本身不发光，但你是光的载体。有些人本身不具备才华，但具有激发才能的能力。

8　研究人类要从研究具体的人着手。

9　排除了一切的不可能，剩下的不管多么难以置信，一定就是真相。

10　不要让一个人的外表影响你的判断力，这是最重要的。感情会影响理智的。

🔊　　　　　　　　　　　　　　　　😃　⊕

柯南道尔（Arthur Conan Doyle，1859—1930 年），英国侦探小说家，侦探悬疑小说的鼻祖，代表作有《福尔摩斯探案全集》。

柯南道尔

♡ 赞

微言微语

琼　飞　漫无目的地看书如同闲逛街市，消磨时光的成分更甚于获取新知识。

虫　儿　@琼飞：同感。带着问题看书常常会引出更多疑问，不断寻找答案的过程就是一路采摘、收获满满的过程。

致　远　"只需瞧见其中一环，就可知全体的性质"与"窥一斑可知全豹，观滴水可知沧海"表达了同样的意思。

和颜爱语　研究人类要从研究具体的人着手。

爱心中的智慧　叫声响亮的狗也有咬人的。

星月夜　外表当然也是非常重要的，但要警惕打形象牌、表里不一的人。

前　方　如果你是"偏才"（某方面才华出众的人），那么请你努力做好一个激励偏才们的榜样。

饮水机　喜欢看《福尔摩斯探案集》，绝妙的推理，加上引人入胜的情节，虽然是侦探推理小说，但也蕴含了浓浓的人文关怀。

水　桶　得到赞美时不要沾沾自喜，因为你可能只是一个蠢货，不过是因为有人比你更蠢而已。

金　毛　那些能够将别人的才能激发出来的人，可谓人类灵魂的工程师或心灵捕手。

●●●●○ Mobile 📶　　　12:00 AM　　　100% 🔋

契诃夫 [俄]

1. 对自己不满足，是所有真正有天才的人的根本特征。

2. 求人帮助的时候，求穷人比求富人容易。

3. 人的一生应当是美丽的，面貌，衣裳，心灵，思想。

4. 人在智慧上应该是明豁的，道德上应该是清白的，身体上应该是清洁的。

5. 当一个人喜爱梭鱼跳跃的水声时，他是个诗人；当他知道了这不过是强者追赶弱者的声音时，他是个思想家。可是要是他不懂得这种追逐的意义所在，这种毁灭性的结果所造成的平衡为什么有其必要时，他就会重回孩提时代那样糊涂而又愚笨的状态。所以越是知道得多，越是想得多，也就越是糊涂。

6. 容貌的美丽当然也是爱情的一个因素，但心灵与思想的美丽才是崇高爱情的牢固基础。

7. 人们厌烦了寂静，就希望来一场暴风雨；厌烦了规规矩矩气度庄严地坐着，就希望闹出点乱子来。

8. 当喉咙发干时，会有连大海也可一饮而尽的气概——这便是信仰；一等到喝时，至多只能喝两杯——这才是科学。

9. 人在智慧上、精神上的发达程度越高，人就越自由，人生就越能获得莫大的满足。

10. 我们以人们的目的来判断人的活动。目的伟大，活动才可以说是伟大的。

契诃夫（Chekhov，1860—1904 年），批判现实主义作家，俄国世界级短篇小说巨匠。代表作有《装在套子里的人》《小公务员之死》等。

契诃夫

♡ 赞

微言微语

潇　潇　关于信仰和科学讲得太形象了，信仰是精神上一日千里，科学是实践中踏石留印。

爱心中的智慧　有时候觉得，明心见性不一定需要知识渊博。

绿之梦　帮助别人的时候，若还想着回报，是快乐不起来的。

陶　辞　真正的自由来自知识和智慧。

桔　子　@ 陶辞：智慧和精神的发达程度越高，人越自由。看来我还是不能停下学习的脚步。

熊　猫　@ 桔子：智慧上、精神上越发达，人就越有分寸。过有分寸的生活，才不会患得患失。

虫　儿　@ 熊猫：说得好！襟怀坦荡的智者烦恼就少。

和颜爱语　契诃夫对信仰的诠释是：当喉咙发干时，会有连大海也可一饮而尽的气概。可见，信仰既表现为喉咙发干时不改初衷的坚守，也表现为将大海一饮而尽的气概。

饮水机　一成不变的现状总是让人厌烦，时不时应该来点节奏上的变化。这是一个情绪调节的过程，能帮助我们更好地回到平常状态。

●●●●○ Mobile 🛜　　　　12:00 AM　　　　100% ▭

泰戈尔 [印度]

1 生当如夏花之绚丽，死当如秋叶之静美。

2 在人生的道路上，所有的人并不站在同一个场所——有的在山前，有的在海边，有的在平原；但是没有一个人能够站着不动，所有的人都得朝前走。

3 人生虽只有几十春秋，但它绝不是梦一般的幻灭，而是有着无穷可歌可颂的意义的；附和真理，生命便会得到永生。

4 如果把所有的错误都关在门外的话，真理也要被关在门外了。

5 天空虽不曾留下痕迹，但我已飞过。

6 世界上的一切伟大运动都与某种伟大理想有关。

7 当我们大为谦卑的时候，便是我们最接近伟大的时候。

8 月儿把她的光明遍照在天上，却留着她的黑斑给自己。

9 知识是珍贵宝石的结晶，文化是宝石放出的光泽。

10 最好的东西都不是独来的，它伴着所有的东西同来。

泰戈尔（Tagore，1861—1941 年），印度诗人、文学家、社会活动家。代表作有《吉檀迦利》《飞鸟集》《新月集》《最后的诗篇》等。

泰戈尔

♡ 赞

微言微语

WAng　张狂的人面目可憎；越谦卑，越自爱。

星月夜　雪辱霜欺之后，花得以绽放。然花开总有花落，美好是短暂的，却值得花漫长的时间去等待。

绿之梦　人生短短几十年，虽然起始一样，皆为生与死，但过程会不同，或精彩或糟糕，或顺畅或曲折，或坚守或流俗，或伟大或平庸……我想，在人生道路上，自己努力了就无憾，何必在乎他人的评说。

建　方　泰戈尔是对世界文学作出卓越贡献的天才诗人，也是一位哲学家和社会活动家。他作品中的仁爱思想、博大仁慈的胸怀和独具魅力的人格，赢得了无数中国读者的敬仰。

致　远　"如果把所有的错误都关在门外的话，真理也要被关在门外了。"这话意味深长且发人深省，它向世人揭示出错误也有不菲的价值，错误经不起失败，但是真理不怕失败。只要有坚定的信念和不懈的努力，从所犯的错误中吸取教训，失败就不是摧残，而恰恰是一个重新开始的理由和机会。

和颜爱语　泰戈尔留传最广的诗句：生当如夏花之绚丽，死当如秋叶之静美。

爱心中的智慧　没有亲眼看到的未必就不是真实的，如同鸟儿在天空飞过却不留痕迹！

●●●●○ Mobile 📶　　　12:00 AM　　　100% ▭

罗曼·罗兰 ［法］

1. 标志时代的最灵敏的晴雨表是青年人。

2. 不是我要关心政治，而是政治总在关心我。

3. 人生不发行往返车票，一旦出发了就再也不会归来了。

4. 累累的创伤，就是生命给你的最好东西，因为在每个创伤上面都标志着前进的一步。

5. 生活中不是缺少美，而是缺少发现。

6. 要散布阳光到别人心里，先得自己心里有阳光。

7. 一个人的绝对自由是疯狂，一个国家的绝对自由是混乱。

8. 有了朋友，生命才显出它全部的价值。

9. 与其花许多时间和精力去凿许多浅井，不如花同样的时间和精力去凿一口深井。

10. 在你要战胜外来敌人之前，先得战胜你自己内在的敌人；你不必害怕沉沦与堕落，只要你不断地自拔与自新。

罗曼·罗兰（Romain Rolland，1866—1944 年），法国著名作家、音乐学家、社会活动家。代表作有《约翰·克利斯朵夫》《母与子》等。

罗曼·罗兰

♡ 赞　

微言微语

尚　舟　当你的自由给别人带来不自由时，你就该好好反思自己的行为了。

米小曙　"攘外必先安内"，心魔才是人类最大的敌人。

和颜爱语　罗曼·罗兰，一百多年前的诺贝尔文学奖得主，一生崇拜英雄，讴歌英雄，自己也成了思想上的英雄、文学上的英雄。

建　方　人是感情动物，既需要情感的慰藉，也需要亲朋的关爱。生活中，我们身边会出现各种各样的人，可真正能称之为朋友的却少之又少。

绿之梦　真正的朋友是你愿意为之付出的人，是你真正放在心中的人。他会在你犯错时提醒你更正你，会在你迷茫时坚定地牵着你的手，会在你开心时分享你的快乐，会在你受伤时陪着你。

水　桶　人生只有一次，没有办法重来，如此才显出它的珍贵。也许还可以说，幸好它不用重来。

金　毛　由最后一句想到了老子说的：知人者智，自知者明。胜人者有力，自胜者强。

153

●●●●○ Mobile 📶 　　　12:00 AM　　　 100% ▭

居里夫人 [法]

1　我要把人生变成科学的梦，然后再把梦变成现实。

2　人类看不见的世界，并不是空想的幻影，而是被科学的光辉照射的实际存在。尊贵的是科学的力量。

3　我们应该不虚度一生，应该能够说："我已经做了我能做的事。"

4　我从来不曾有过幸运，将来也永远不指望幸运，我的最高原则是：不论对任何困难都决不屈服！

5　荣誉就像玩具，只能玩玩而已，绝不能永远守着它，否则就将一事无成。

6　弱者坐失良机，强者制造时机。

7　我们必须有恒心，尤其要有自信力！我们必须相信我们的天赋是要用来做某种事情的，无论代价多么大，这种事情必须做到。

8　如果能追随理想而生活，本着正直自由的精神、勇往直前的毅力、诚实不自欺的思想而行，定能臻于至美至善的境地。

9　祖国更重于生命，她是我们的母亲，我们的土地。

10　好奇心是学习者的第一美德。

〰))　　　＿＿＿＿＿＿＿＿＿＿＿＿　　😃　⊕

玛丽·居里（Marie Curie，1867—1934年），法国著名波兰裔科学家、物理学家、化学家。两次获得诺贝尔奖。

居里夫人

♡ 赞

微言微语

和颜爱语　好奇心是学习者的第一美德，也是人不衰老的不竭动力。

陶　辞　@和颜爱语：广泛的兴趣爱好和强烈的好奇心，可以让人保持进步，延缓衰老。

星月夜　@和颜爱语：好奇心强的孩子，一般学习能力不会很差。

致　远　科学家都深爱自己的祖国。如果说科学无国界，那么科学家是有国别的。

潇　潇　成功有时的确需要运气，但不能依赖运气，更需要依赖的是科学的推断。

水　桶　居里夫人打破时代和社会环境对女性的偏见，取得了具有开创性意义的成就，让人肃然起敬。👍

熊　猫　@水桶：20世纪的科学界巨匠太多了，那是个群星闪耀的时代。

兽　儿　正直自由的精神、勇往直前的勇气，一个人只要具备这两点品质，就足以让人钦慕不已了！

金　毛　怀揣一个梦想在心中，再苦再累的生活也是值得过的。

●●●●○ Mobile 📶　　　　12:00 AM　　　　100% 🔋

高尔基 [俄]

1. 一切出色的东西都是朴素的，它们之令人倾倒，正是由于自己的富有智慧的朴素。

2. 时间是最公平合理的，它从不多给谁一分，勤劳者时间留给他们串串的果实，懒惰者时间留予他们一头白发，两手空空。

3. 理智要比心灵为高，思想要比感情可靠。

4. 世界上最快而又最慢，最长而又最短，最平凡而又最珍贵，最容易被忽视而又令人后悔的是时间。

5. 我们世界上最美好的东西，都是由劳动、由人的聪明的手创造出来的。

6. 读书愈多，精神就愈健壮而勇敢。

7. 智慧是宝石，如果用谦虚镶边，就会更加灿烂夺目。

8. 人的天赋就像火花，它既可以熄灭，也可以燃烧起来。而逼使它燃烧成熊熊大火的方法只有一个，就是劳动，再劳动。

9. 当大自然剥夺了人类用四肢爬行的能力时，又给了他一根拐杖，这就是理想！

10. 一个人应该在自己灵魂深处竖立一根标杆，从而让自己个性中与众不同的东西会集在他的周围，显示出自己鲜明的特点。

马克西姆·高尔基（Maxim Gorky，1868—1936年），苏联作家，代表作有《海燕》《母亲》《童年》《在人间》等。

高尔基

♡ 赞

微言微语

陶　辞　不忘初心，矢志不渝，是一个人走向成功的不竭动力！

湖　波　高尔基曾经激励我们这一代人在艰难困苦中砥砺前行，就像海燕在暴风雨中翱翔那样。

和颜爱语　@湖波：从小就受高尔基作品的影响。

致　远　电闪雷鸣中搏击翱翔的红色精灵穿越历史长空，留下鼓舞一代人的咏叹调。

绿之梦　不愧是无产阶级作家，珍惜时间，崇尚劳动。

饮水机　小时候去书店，就记住了高尔基的那句名言——书籍是人类进步的阶梯。

虫　儿　@饮水机：高尔基也曾说：我不夸大生活中的苦难，尽管它在请我吃苦方面从不吝啬。

水　桶　时间就这样过去了，与其问"时间都去哪儿了"，不如抓紧时间干一点事情。古人早就说了：莫待无花空折枝。

兽　儿　太上忘情，其次任情，再次矫情，太下不及情，钟情者唯在我辈。

●●●●○ Mobile 🛜　　　　12:00 AM　　　　100% 🔋

甘地 [印度]

1 谬误不会因为千百遍地传播就变成真理；同样，真理也不会因为无人所知就变成谬误。

2 再微小的实践也远胜于再繁多的说教。

3 他们先是无视你，再来是嘲笑你，接着他们与你战斗，最后你赢了。

4 从内心深处发出的一声"不"，要好过为了取悦甚至是为了避免麻烦而说出的一声"是"。

5 人是思想的产物。心里想的是什么，就会变成什么样的人。

6 国家的文化蕴藏在人民的内心和灵魂之中。

7 软弱的人不懂得原谅。原谅是强大的表现。

8 生由死而来。麦子为了萌芽，它的种子必须要死了才行。

9 时刻致力于思想、语言和行为的完全和谐。时刻致力于净化你的思想，这样一切都会好起来的。

10 懦夫没有能力去表现爱；爱是勇者的特权。

🔊 ＿＿＿＿＿＿＿＿＿＿＿＿＿＿＿＿＿＿＿ 😄 ⊕

甘地（Gandhi，1869—1948 年），印度政治家、思想家，民族解放运动的领导人，其领导的非暴力不合作运动影响深广，也因此被称为"圣雄"。

甘地

♡ 赞

微言微语

致　远　思想是行动的先导，思想有多远，你就能走多远。

绿之梦　@致远：思想、语言和行为完全和谐，何其难哉！

和颜爱语　这位印度国父从 37 岁开始，在三年半的时间里，拒绝读报纸。他认为尘世的喧嚣比他内心的不安更加不堪。

五乎切　@和颜爱语：在 20 世纪的反抗运动领袖中，甘地是个异类。

深水静流　最彻底的报复是原谅和遗忘！

虫　儿　@深水静流：爱是勇敢，原谅是强大。🙏

饮水机　什么是真理？什么是谬误？以为谎言千百遍地传播就是真理吗？以为赞歌一片、无人反对就是掌握着真理吗？显然，甘地不这么认为。

金　毛　爱是一件挺难的事情，需要日复一日地学习、实践。我们都应该学习做一个心中有爱、会爱别人的人。

兽　儿　很多时候为了避免麻烦，总会说"是"，是不是活得不够认真？

李　子　@兽儿：当内心不认同时，说"不"才是真诚的。

爱心中的智慧　@兽儿：学会说"不"，日子会轻松许多！

●●●●○ Mobile 📶　　　12:00 AM　　　100% ▭

纪德 ［法］

1　当哥伦布发现美洲的时候，他知道将航向何处吗？他的目标只是前进，一直向前进。

2　成长总是那么神秘而惊人，都是由于不注意，我们才不感觉到惊讶。

3　关键是你的目光，而不是你目睹的事物。

4　你一开口讲话，就不要听别人的了。

5　我希望在人世间，内心的期望能够尽情表达，真正的心满意足了，然后才绝望地死去。

6　真正的伪君子是一个已经无法觉察自己在行骗的人，是一个真诚的说谎者。

7　在一个骗人的世界里，诚实的人反而会被人当骗子看待。

8　美德不是装饰品，而是美好心灵的表现形式。

9　如果没有勇气远离海岸线，长时间在海上孤寂地漂流，那么你绝不可能发现新大陆。

10　获得幸福的秘诀，并不在于为了追求快乐而全力以赴，而是在于在全力以赴之中寻出快乐。

安德烈·纪德（Andre Gide，1869—1951年），法国作家，擅长小说、剧本、论文、散文等多种体裁，代表作有小说《田园交响曲》、散文诗集《人间食粮》等，于1947年获诺贝尔文学奖。

纪德

♡ 赞

💬 微言微语

湖　波　特别喜欢第四句！不开口时多听，开了口后多做！

和颜爱语　纪德，又一位诺贝尔文学奖得主，西方现代荒诞派文学的开创者，其思想影响了西方整整三代人。

绿之梦　@和颜爱语：纪德对现代主义文学产生了深远的影响。在他看来，人首先要做的是找到自我。自我是唯一的导航仪，找到自我之后，还要为自我的存在而奋战。

爱心中的智慧　获得幸福的秘诀是将生活简化。

虫　儿　有时候，伪君子比真小人的危害性更大。

金　毛　@虫儿：想起袁枚所说的：伪名儒不如真名妓。

饮水机　真正的美好是从心底散发出来的。

老　吴　@饮水机：德行犹如宝石，镶嵌在素静处最佳。

熊　猫　敢于走出自己的舒适区，才能发现更好的自己。

兽　儿　一个真诚的说谎者会不会很孤独？

乐陶陶　@兽儿：谎言说多了自己都入戏了吧？是孤独，也是可悲。

●●●●○ Mobile 📶　　　12:00 AM　　　100% ▭

列宁［苏］

1　不怕承认自己的错误，不怕一次又一次地改正这些错误，这样，我们就会登上山顶。

2　所谓爱国主义就是千百年来巩固起来的对自己祖国的一种最深厚的感情。

3　有时候鹰会飞得比鸡还低，但鸡永远也飞不到鹰那么高。

4　政治是经济的集中表现。

5　只要再多走一小步，仿佛是向同一方向迈的一小步，真理便会变成错误。

6　我们一定要给自己提出这样的任务：第一是学习，第二是学习，第三还是学习。

7　政治是一种科学，是一种艺术。

8　理论在变为实践，理论由实践赋予活力，由实践来修正，由实践来检验。

9　没有革命的理论，就不会有革命的运动。

10　吹牛和扯谎是道义上的灭亡，它必然导致政治上的灭亡。

🔊　　　　　　　　　　　　　　　　😄　⊕

列宁（Lenin，1870—1924 年），著名的马克思主义者，无产阶级革命家、政治家、理论家，十月革命的主要领导人、苏联的缔造者。代表作有《国家与革命》《谈谈辩证法问题》等。

列宁

♡ 赞

 微言微语

玉 丫	学习才能使人不断进步，所以在学习的路上不能止步。	

宁 宁　失败并不可怕，可怕的是因为失败而丧失勇气。

兽 儿　能在高与低之间遨游，视野才能开阔。

饮水机　@兽儿：同意。所以我很羡慕鹰的世界。

熊 猫　真理与错误只有一线之隔。

虫 儿　吹牛和扯谎是软弱的体现。

愚 公　列宁是世界上第一个社会主义国家的缔造者，也是世界上第一个无产阶级执政党的创造者。

李 子　@愚公：列宁也被认为是 20 世纪最伟大的人物之一。

水 桶　@李子：在苏联的政治笑话中，列宁从未当过主角，可见他受人爱戴。

五乎切　不读列宁的文集，很难正确评价列宁。

星月夜　@五乎切：同感。他的作品中不全是革命思想，还有工作方法，很值得读。

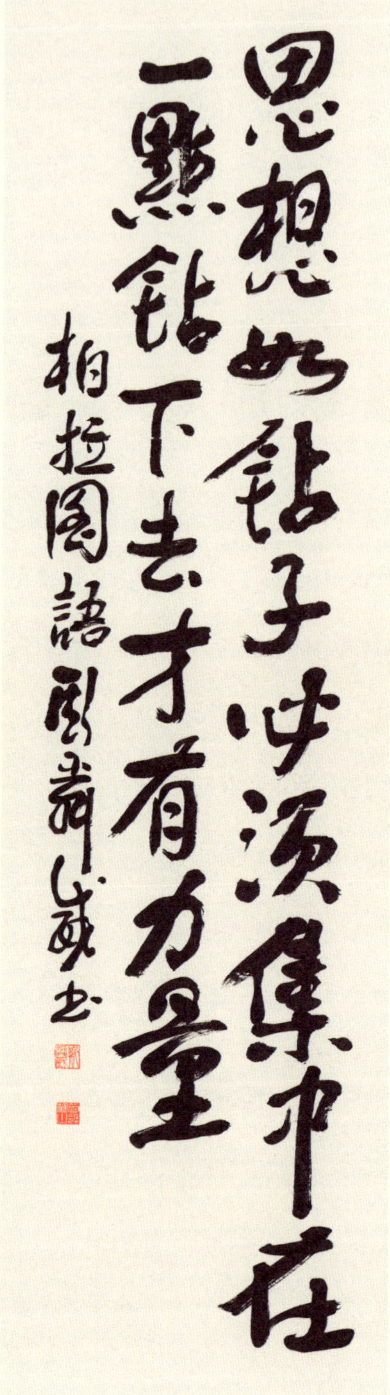

思想如钻子必须集中在
一点钻下去才有力量

柏拉图语 刘爽诚书

斯舜威

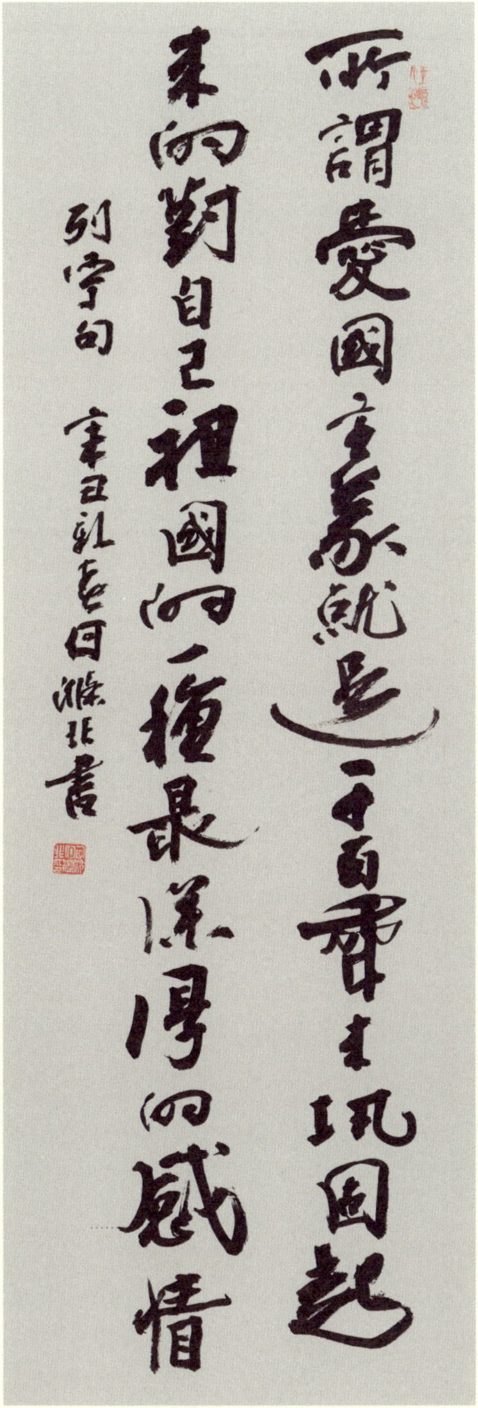

所謂愛國主義就是千百年來鞏固起來的對自己祖國的一種最深厚的感情

列寧句　辛丑初春日滌非書

何滌非

●●●●○ Mobile 📶　　　　12:00 AM　　　　100% ▭

罗素 ［英］

1 从伟大的认知能力和无私的心情结合之中最易产生出思想智慧来。

2 知识是使人类快乐的主要因素之一。

3 希望是坚韧的拐杖，忍耐是旅行袋，携带它们，人可以登上永恒之旅。

4 使人生愉快的必要条件是智慧，而智慧可经由教育而获得。

5 植物借栽培而生育，人类借教育而成人。

6 青年时期是豁达的时期，应该利用这个时期养成自己豁达的性格。

7 即使真相并不令人愉快，也一定要做到诚实，因为掩盖真相往往要费更大力气。

8 不要为自己持独特看法而感到害怕，因为我们现在所接受的常识都曾是独特看法。

9 作为一个人，对父母要尊敬，对子女要慈爱，对穷亲戚要慷慨，对一切人要有礼貌。

10 幻觉不是你的错，在幻觉中做决定，这就是你的不对了。

伯特兰·罗素 （Bertrand Russell，1872—1970年），英国哲学家、数学家、逻辑学家。西方分析哲学的主要创立者，著有《数学原理》《西方哲学史》等。

罗素

♡ 赞 🦆 🟣 🌄 ☀️ 🌳 🕸️ 🌉 🏞️ 🌸 🗑️

💬 **微言微语**

明　杰　学会适应，就会让你的环境变得明亮；学会宽容，就会让你的生活没有烦恼。

水享安人　人的快乐来自智慧，而智慧的最高境界在于不仅使自己快乐，而且让身边的朋友也快乐。

爱心中的智慧　知识改变命运！

绿之梦　罗素的做人"四个要"标准中，不少人能够做到三个，但对于"穷亲戚"，往往做不到。

和颜爱语　罗素是个文理兼通的大家。他不仅是伟大的哲学家、评论家，还是杰出的文学家、数学家、逻辑学家。他还凭哲学著作《道德与婚姻》获得了诺贝尔文学奖。

饮水机　即使是善意的谎言也是谎言，为掩盖一个谎言往往需要更多的谎言。

致　远　@饮水机：一个谎言需要无数个谎言去掩饰，掩盖真相何尝不是这样？

熊　猫　博学使人自信，学习使人快乐。

水　桶　不过是几十年的时间，多少曾经标新立异的观点成了常识，甚至成了陈词滥调。

●●●●○ Mobile 📶　　　12:00 AM　　　100% ▬

丘吉尔 ［英］

1 失去的，永远不会比你手上现在握住的多。

2 有勇气是既能站起来侃侃而谈，也能坐下来静静倾听。

3 悲观主义者在每个机会里看到困难，乐观主义者在每个困难里看到机会。

4 我们若一直为过去而纠缠不清，我们可能就会失去未来。让过去的事过去，才能迎向未来。

5 命运不靠机缘，而是靠你的抉择。命运不是等来的，而是争来的。

6 热爱传统从来没有削弱过一个国家。传统就是生死时刻用来救命的。

7 健康的公民是国家最大的财富。

8 在以情动人前，你自己要先被打动。在你催人泪下前，你自己要热泪盈眶。在你以理服人前，你自己要坚信不疑。

9 要保持健康的体魄，除了节食、安静这两位医生外，还有一位，就是快乐。

10 忠言逆耳利于行。就像疼痛提醒你哪里病变一样。

丘吉尔（Churchill，1874—1965 年），英国政治家、演说家，1953 年获诺贝尔文学奖，曾两度出任英国首相，并带领英国取得第二次世界大战的胜利，著有《第二次世界大战回忆录》等。

丘吉尔

♡ 赞

微言微语

| 杏 子 | 人在低谷时，侃侃而谈是勇气；人在高峰时，静静倾听是勇气。 |

金 毛　@杏子：这让我想到了庄子的一句话：举世誉之而不加劝，举世非之而不加沮，定乎内外之份，辨乎荣辱之境……

志 雄　创业的人应该都属于乐观主义者。

星月夜　其实就悲观乐观而论并不贴切，在困难中能否看到机遇，是由眼光、气魄和水平决定的。

兔 子　命运的主动权可以在自己手里，但是决定权不一定在自己手里。

虫 儿　节省、安静、快乐，帮助我们保持健康的体魄。我学到了。😝

和颜爱语　丘吉尔，一个运筹帷幄的军事家，一个能上能下的政治家，一个出名言名著、获诺贝尔文学奖的作家，一个获诺贝尔和平奖提名、两次荣登《时代周刊》杂志封面的演说家，同时还是一个担任 36 年大学校长的教育家……20 世纪西方世界的大人物中没人比他更耀眼了。

致 远　@和颜爱语：非常时期产生非凡人物，非凡人物创造非常功勋。

爱心中的智慧　日子是在昨天、今天、明天的轮回中更替的。昨天已经过去，明天尚未到来，故当下最为要紧！

●●●●○ Mobile 🛜　　　12:00 AM　　　100% ▰

赫尔曼·黑塞 [瑞士]

1　当我们不幸的时候，不能再好生地去忍受生活的时候，那一棵树会对我们说：平静，平静，瞧着我。

2　世界上任何书籍，都不会给你带来幸福，但它们会悄悄教育你，让你成为你自己。

3　对每个人而言，真正的职责只有一个：找到自我。然后在心中坚守一生，全心全意，永不停息。

4　哪怕最不幸的人生也会有阳光明媚的时光，也会在沙砾石缝中长出小小的幸福之花。

5　无法达成的目标才是我的目标，迂回曲折的路才是我想走的路，而每次的歇息总是带来新的向往。

6　当一个人能够如此单纯，如此觉醒，如此专注于当下，毫无疑虑地走过这个世界，生命真是一件赏心乐事。

7　真正厌恶的不是金钱本身，而是人们对于金钱的欲望。

8　你的内心总有一处宁静的圣地，你可以随时退避并在那里成为你自己。

9　有勇气承担命运才是英雄好汉。

10　智慧是无法表达的。一个智者表达出来的智慧，听起来却总像是愚蠢。

赫尔曼·黑塞（Hermann Hesse，1877—1962年），德国作家，曾获诺贝尔奖、歌德奖，代表作有《荒原狼》《东方之旅》《玻璃球游戏》等。

赫尔曼·黑塞

♥ 赞

微言微语

明 杰　能坚持别人不能坚持的，才能拥有别人不能拥有的。

爱心中的智慧　专注于当下，就是走在开悟的路上。

绿之梦　若能找到属于自己的一处圣地，哪怕孤独，却也幸福！

乐陶陶　"对每个人而言，真正的职责只有一个：找到自我。然后在心中坚守一生，全心全意，永不停息。"探索自己，挖掘潜力，遇见最好的自己，当是永远的追求！

星月夜　人的内心，是极需要这样一块净土的。在那里，可以褪去外衣和防备，回归洒脱和真性情。

饮水机　欲望是魔鬼。

金 毛　鲁迅说，真正的勇士，敢于直面惨淡的人生，敢于正视淋漓的鲜血。

水 桶　最后一句值得细细品味。所谓"大智若愚"，说的就是这个意思吧。

熊 猫　阅读让人成为更好的自己。书籍本身不是答案，自己的理解、感悟和牵引出来的情感才是最重要的。

虫 儿　单纯而专注，毫无疑虑地走自己的人生路，该多美好啊！

●●●●○ Mobile 📶　　　12:00 AM　　　100% ▬

 **爱因斯坦** ［德］

1　A＝x+y+z：成功＝艰苦的劳动＋正确的方法＋少说空话。

2　一个人的价值，应该看他贡献什么，而不应当看他取得什么。

3　人只有献身于社会，才能找出那短暂而有风险的生命的意义。

4　世间最美好的东西，莫过于有几个头脑和心地都很正直的朋友。

5　没有侥幸这回事，最偶然的意外，似乎也都是有必然性的。

6　想象力比知识更重要，因为知识是有限的，而想象力概括着世界上的一切，推动着进步，并且是知识进化的源泉。

7　求学犹如植树，春天开花朵，秋天结果实。

8　学校的目标应当是培养有独立行动和独立思考能力的人。

9　兴趣是最好的老师。

10　教育：把在学校学习的东西忘光了之后还留下来的东西。

🔊　　　　　　　　　　　　　　😃　⊕

阿尔伯特·爱因斯坦（Albert Einstein，1879—1955 年），德国伟大物理学家，诺贝尔物理学奖获得者，其创立的狭义相对论和广义相对论开创了现代物理学。代表作有《物体惯性和能量的关系》《广义相对论的基础》等。

爱因斯坦

♡ 赞

💬 微言微语

卢 Luke　每个人都有理想，理想决定着努力的方向。在这个意义上，我从来不把安逸和快乐看作生活目的。

爱心中的智慧　后人对爱因斯坦大脑研究失败表明，天才终究无法被复制，他们都是可遇而不可求的。

熊　猫　@ 爱心中的智慧：不是你没有运气，而是你没有准备。爱因斯坦是科学史上划时代的人物，他是个天才，但他的成功依然离不开艰苦的劳动和正确的方法。

和颜爱语　兴趣是最好的老师，也是求知路上最大的动力。

虫　儿　@ 和颜爱语：带着兴趣学习、做事，满满的幸福感。小时候，读课文很痛苦，而看课外书却不觉得累，就是这个道理吧。

致　远　最后一句发人深省。受教育者不应是知识的存储器，而应是知识的创造者，教育资源的再造者。

绿之梦　教育不应把学生培养成为刷题工具。

饮水机　美国总统肯尼迪在就职演说中说：不要问你的国家能为你做什么，而要问你能为你的国家做什么。诚然，献身社会能给人带来成就感。我辈当努力啊！

●●●●○ Mobile 📶　　　　12:00 AM　　　　100% ▭

毕加索 ［西班牙］

1　艺术是个谎言，却是一个真理的谎言。

2　我们以忘我的精神去工作时，有时我们所做的事会自动地倾向我们。不必过分烦恼各种事情，因为它会必然或偶然地来到你身边，我想死亡其实也是一样的。

3　我从不寻找，我只是发现。

4　我的作品和莎士比亚的作品一样，里面常常有些讽刺和相对粗俗的东西。这样做，我的作品就能深入所有的人。

5　绘画中的技巧成分越少，其中的绘画成分就越多。

6　每一次创造都是始于破坏。

7　艺术并不是真理，艺术是谎言，然而这种谎言能教育我们去认识真理。

8　每个孩子都是艺术家，问题在于你长大之后是否能够继续保持艺术家的灵性。

9　画家的眼睛，可以看到高于现实的东西，他的作品就是唤起人们的想象。

10　我的艺术一点也不是抽象的，况且抽象艺术并不存在，而且也不可能存在，艺术总是现实的表现。

巴勃罗·毕加索（Pablo Picasso，1881—1973年），西班牙伟大画家、雕塑家，现代艺术的创始人，西方现代派绘画的主要代表，艺术史上公认的天才。代表作有《亚威农少女》《格尔尼卡》《和平鸽》等。

毕加索

❤ 赞

💬 微言微语

和颜爱语　毕加索，一位具有极高天赋的高产艺术家，共有近 3.7 万件作品，是有史以来第一个在世时作品被收进罗浮宫的画家，西方现代派绘画的主要代表。

敢　胜　踏破铁鞋无觅处，其实美就在身边，机会也就在身边，就看你能不能发现。

虫　儿　艺术是心灵的栖息所。年龄越大，越爱艺术。

乐陶陶　@虫儿：同感。年龄越大，越能在欣赏艺术作品中找到乐趣和慰藉。

兽　儿　艺术家的感受力异于常人。

鱼　儿　@兽儿：是否艺术家都更易保持初心？

金　毛　@鱼儿：对很多艺术家的印象是不谙世事，却懂人心。

熊　猫　"绘画中的技巧成分越少，其中的绘画成分就越多。"人也一样，越简单，越本真，越自我，越快乐。

Deven　毕加索是有史以来第一个亲眼看到自己的作品被收藏进罗浮宫的画家。

牛油果　推荐 BBC 的纪录片——《毕加索：艺术的力量》。

●●●●○ Mobile 🛜　　　12:00 AM　　　100% 🔋

卡夫卡 [奥地利]

1 心脏是一座有两间卧室的房子，一间住着痛苦，另一间住着欢乐，人不能笑得太响。否则笑声会吵醒隔壁房间的痛苦。

2 人们为了获得生活，就得抛弃生活。

3 艺术向来都是要投入整个身心的事情，因此，艺术归根结底都是悲剧性的。

4 每一件真正的艺术品都是文献和见证。

5 精神只有在不成为支撑物时，它才会自由。

6 书是用来凿破人们心中冰封海洋的一把斧子。

7 人只因承担责任才是自由的。这是生活的真谛。

8 每个人都生活在自己背负的铁栅栏后面。比起人，动物离我们更近。与动物攀亲比与人攀亲更容易。人的自然生活才是人生，可是这一点人们看不见。人们不愿意看见这一点。

9 真正的对手那儿有无穷的勇气向你涌来。

10 人无法通观自己，他处在黑暗中。

弗兰茨·卡夫卡（Franz Kafka，1883—1924 年），奥地利著名小说家，西方现代主义文学的先驱，对后世影响深远，主要作品有小说《审判》《城堡》《变形记》等。

卡夫卡

♡ 赞

微言微语

湖 波　责任越大自由越大，这应该是精神自由吧！

敢 胜　生活就是一路寻觅，一路发现美好。

爱心中的智慧　遇见真正的对手也是人生之幸事！

福 东　中国"舍得论"国际版："人们为了获得生活，就得抛弃生活。"

君　每一件珍藏的古董都是历史和生活的佐证。

和颜爱语　卡夫卡出生于一个犹太商人家庭，逆父命弃商从文，通过写作向人们倾诉社会底层的心声，成为西方现代派文学的鼻祖，表现主义文学的先驱。

虫 儿　人因承担责任而自由。此话深刻。

五乎切　@虫儿：这句话以后会成为我的座右铭。

兽 儿　人无法通观自己，就像无法看清世间事。

熊 猫　没有一个人是孤岛，然而人又都是独立存在的。所以，阅读书本吧，去旅行吧，与人交谈吧，让我们更多地、更深地探索外部世界。

●●●●○ Mobile 📶　　　12:00 AM　　　100% ▯

巴顿 ［美］

1 我从来就不在乎是否和别人一样。

2 军人也是一个公民，实际上公民的最高义务和权利就是拿起武器保卫祖国。

3 一品脱的汗水可以挽救一加仑的鲜血。

4 要记住，敌人也和你们一样害怕，可能比你们更害怕。

5 不让敌人进攻你的办法就是你去进攻他，不停地向他进攻。

6 让自己的国家永存，哪怕牺牲生命。

7 不能以本色示人的人成不了大器。

8 只要有老兵做酵母，就可以发出一个师的面娃娃来。

9 勇气是一种智慧，也是战争能够取胜的重要因素。

10 经历过流血，流汗，痛苦，为国家效力的人才会真正地感到他是国家的一部分，他是爱国的。

小乔治·史密斯·巴顿（George Smith Patton，1885—1945 年），第二次世界大战中著名的美国军事统帅。

巴顿

♡ 赞

微言微语

致　远　战争是政治的延续。

陶　辞　当祖国遭到侵犯时，所有人必须拿出牺牲的勇气，站起来保卫家园！

星月夜　肯以本色示人者，必有禅心和定力。

和颜爱语　对赫赫有名的巴顿将军了解不多，想看关于他的书或影片。

熊　猫　@和颜爱语：出身西点军校的陆军四星上将。推荐先看影片《巴顿将军》。

爱心中的智慧　在没有波澜的生活里，人是看不见命运的。只有在人生的最顶点与最低处，强烈的命运感才会袭来！

绿之梦　这是个久经沙场、身经百战的老兵，而不是兵龄长、一身油滑的老兵。

虫　儿　勇气是智慧，对于任何人来说都是如此。

小　路　补充一句巴顿的名言："我对政治毫无天分，就如同一头奶牛对打猎一窍不通一样，况且我对政治也不感兴趣。另外，我也认为一个人军事上的声望如果和政治混杂在一块的话，将是很糟糕的。"

●●●●○ Mobile 📶　　　　12:00 AM　　　　100% 🔋

松下幸之助 ［日］

1 如果你坚持要上二楼，就会想到搬扶梯；你只想试一试，那就什么都想不到。

2 永不绝望的诚恳和毅力，会改变既定的事实，化解人的坚定意志。

3 不管别人的嘲弄，只要默默地坚持到底，换来的就是别人的羡慕。

4 非常时期就必须有非常的想法和行动，不要受外界价值观干扰。

5 顺应社会的潮流和事物的关系，才是企业得以发展的方式。

6 合理利润的获得，不仅是商人经营的目的，也是社会繁荣的基石。

7 与自己的生意伙伴共存共荣，是企业维持长久发展的唯一道路。

8 一开始就坚持名副其实的信用，等于是储备了大量的资金。

9 唯有懂得欣赏别人的长处，才能领导更多的人。

10 名刀是由名匠不断磨炼而成的，同样的，人才的培养，也要经过千锤百炼。

松下幸之助（Konosuke Matsushita，1894—1989年），日本著名跨国公司松下电器的创始人，被人称为"经营之神"。

松下幸之助

♡ 赞

💬 微言微语

爱心中的智慧　做好一个企业直至做成百年老店的核心要素：趋势，明心，优术，见道，弘德！

致　远　干小事，攒小钱，雕虫小技就能成；谋大事，成大业，德为纬诚为经方可就。

和颜爱语　名刀是由名匠不断磨炼而成的。

绿之梦　不愧是"经营之神"，句句经营之道！👍

琼　飞　坚持固然是美德，但前提若是错了，那就是固执！

小　路　在商言商每个人都会，而成功的商人总是更看重信用、勤奋和坚持。

熊　猫　@小路：在任何行业，诚恳和毅力都十分重要。

五乎切　"尺有所短，寸有所长"，任何东西都有自己的特长。白帆能借风行船，而木桨则能逆流而上，它们都对船只的行进起着重要作用。因此，要学会发现他人的长处，学会尊重他人。

乐陶陶　懂得欣赏别人的长处是一种智慧，从他人身上学习是成本最低、效率最高的事。所以，做人还是不要固执、不要狭隘好！

大　雁　@乐陶陶：越是优秀的人，越懂得欣赏别人；而懂得欣赏别人，也会让自己变得更优秀。

181

●●●●○ Mobile 📶　　　12:00 AM　　　100% ▭

川端康成 ［日］

1 死亡等于拒绝一切理解。

2 人是不断消失在过去的日子里的。

3 美，一旦在这个世界上表现出来就不会泯灭。

4 风雅，就是发现存在的美，感觉已经发现的美。

5 一切艺术都无非是人们走向成熟的道路。

6 美在于发现，在于邂逅，是机缘。

7 一朵花比一百朵花更美丽。

8 生并非死的对立面，死潜伏于生之中。

9 荒废时间等于荒废生命。

10 如果一朵花很美，那么有时我会不由自主地想："要活下去！"

川端康成（Kawabata Yasunari，1899—1972年），日本著名新感觉派作家，诺贝尔文学奖获得者，代表作有《伊豆的舞女》《雪国》《千羽鹤》等。

川端康成

♡ 赞

微言微语

陶　辞　这位日本新感觉派著名小说家，最后还是在自己的工作室自杀了，可惜！

乐陶陶　美——润物细无声！

和颜爱语　老子曰："天下皆知美之为美，斯恶已；皆知善之为善，斯不善已。故有无相生，难易相成，长短相形，高下相倾，音声相和，前后相随。"

致　远　美既是客观存在的，也是透过人的主观审视才能获得的。生活中不缺美，而是缺少发现美的慧眼。

五乎切　三省吾身，恐怕我们都当过"时间杀手"：想培养一个兴趣爱好，东一锤西一棒，到头来一无所获；制订一个学习计划，没有毅力执行，最终不了了之……如何在有限的时间内将想象变成现实，这是一个值得探讨的问题。

小　路　川端康成的美是病态的，总让人在感到厌恶与恐惧之前感受到一种柔弱的委婉，受他影响的日本文学亦然。

安　静　@小路：讨厌唯美主义的文字，因为它们无一例外都是虚假的幻想。

大　雁　虽然年轻时认真读过他的一些小说，但是完全不能理解。

●●●●○ Mobile 📶　　　12:00 AM　　　100% ▬▬▬▬

海明威 ［美］

1　我们花了两年学会说话，却要花上六十年来学会闭嘴。大多数时候，我们说得越多，彼此的距离越远，矛盾也越多。两年学说话，一生学闭嘴。懂与不懂，不多说。心乱心静，慢慢说。若真没话，就别说。

2　优于别人，并不高贵，真正的高贵应该是优于过去的自己。

3　我始终相信，开始在内心生活得更严肃的人，也会在外表上开始生活得更朴素。在一个奢华浪费的年代，我希望能向世界表明，人类真正需要的东西是非常之微少的。

4　你可以把我打倒，但是你永远不会把我打败。把我打倒是我身体跌倒，但你永远打败不了我的心。

5　生活总是让我们遍体鳞伤，但到后来，那些受伤的地方一定会变成我们最强壮的地方。

6　心灵愈加严谨，外表愈加简单。

7　现在不是去想缺少什么的时候，该想一想凭现有的东西你能做什么。

8　只要你不计较得失，人生还有什么不能想法子克服的？

9　生活与斗牛差不多。不是你战胜牛，就是牛挑死你。

10　在这个世界上，欲望并非痛苦，它可以使感觉变得敏锐，是一个人的青春的内在标志。

🔊　＿＿＿＿＿＿＿＿＿＿＿＿＿＿＿　😃 ⊕

欧内斯特·海明威（Ernest Hemingway，1899—1961 年），美国伟大作家、记者，凭代表作《老人与海》获得普利策奖、诺贝尔文学奖，另有《太阳照常升起》《永别了，武器》等名著传世。

海明威

♡ 赞

💬 微言微语

胡 波　海明威的《老人与海》在我年轻时给予了我振奋前行的力量，尤其是老人与大鱼搏斗的情景至今仍然激励我前行！

和颜爱语　@湖波：《老人与海》是海明威最著名的作品，奠定了海明威在世界文学史中的突出地位。

潇 潇　文坛硬汉，用冷峻包裹炽热的心灵。

爱心中的智慧　病从口入，祸自口出！

木 杨　大道至简！

致 远　看来听说读写当中，"说"尤为关键。

凡 尘　把生活过得像"斗牛"，岂不是太累了？

建 方　人们常说，勇于追求是一种精神，勇于舍弃是一种境界。我们不能追求绝对的完美，但可以追求经过舍弃的美好。

绿之梦　人的内心强大远比身体强大更重要。

五乎切　唯有不怨恨，方能如明镜一般，照亮一切。人生本是一场旅行，走一段路，遇一些人，看一处景，若能做到不计较得失，最后收获的，就是淡然的心境。

●●●●○ Mobile 📶　　　12:00 AM　　　100% ▭

玛格丽特·米切尔 [美]

1 所有随风而逝的都属于昨天，所有历经风雨留下来的才是面向未来的。

2 不要为那些不愿在你身上花费时间的人而浪费你的时间。

3 爱人的人是易被伤害的，因为他是向对方完全敞开的。

4 过去的已经过去了，死了的已经死了，活着的还要继续活着。

5 对于世界而言，你是一个人；但是对于某个人，你是他的整个世界。

6 我从来没有耐心把破碎的东西补好，我宁愿记得它好的时候而不是看着那伤疤过一辈子。

7 爱你的人如果没有按你所希望的方式来爱你，那并不代表他们没有全心全意地爱你。

8 失去某人，最糟糕的莫过于，他近在身旁，却犹如远在天边。

9 不管怎么样，明天又是新的一天。

10 土地是世界上唯一值得你去为之工作、为之战斗、为之牺牲的东西，因为它是唯一永恒的东西。

玛格丽特·米切尔（Margaret Mitchell，1900—1949年），美国女作家、记者，曾获得普利策奖，著有不朽名作《飘》。

玛格丽特·米切尔

♡ 赞　

微言微语

致　远　第五句何等深刻，质朴无华的文字中蕴含着责任、义务、亲情、友情……

绿之梦　@致远：对于单位，对于社会，对于世界，我微不足道；对于家庭，我则是一棵大树。这样想来，我有存在感，生活还要过下去，而且要过得精彩！

桔　子　发现今天的口味与众不同。定睛一看，原来是位女名人。再看一眼，原来是《飘》的作者，难怪每句话都那么有共鸣。

爱心中的智慧　没有依附，也就无所谓失去！

勤　娟　过去的就算过不去，生活仍将继续。沉湎于过往，不如擦干眼泪，坦然面对，让时间来抚慰心灵。

凡　尘　多么熟悉的句子啊！当年读《飘》时，是没日没夜一口气读下来的。尤其喜欢那句"不管怎样，明天又是新的一天"，充满了希望。

五乎切　无论在言语还是行动上，斯嘉丽都是叛逆的。

乐陶陶　多少人年少的时候把《飘》当故事来读，后来却把它当人生教科书。

先　赐　《飘》在世界文坛上占有重要地位，对女性的觉醒和解放起到了推动作用。

●●●●○ Mobile 📶　　　12:00 AM　　　100% 🔋

奥斯特洛夫斯基 ［苏］

1. 人的美并不在于外貌、衣服和发式，而在于他的本身，在于他的心。要是人没有心灵的美，我们常常会厌恶他漂亮的外表。

2. 真正的朋友应该说真话，不管那话多么尖锐。

3. 医治一切病痛最好的最宝贵的药品，就是劳动。

4. 生活赋予我们一种巨大的和无限高贵的礼品，这就是青春、充满着力量，充满着期待、志愿，充满着求知和斗争的志向，充满着希望、信心的青春。

5. 人生最美好的，就是在你停止生存时，也还能以你所创造的一切为人们服务。

6. 我只相信一条：灵感是在劳动时候产生的。……劳动，这是一切钝感的最好的医生。

7. 人应该支配习惯，而不是习惯支配人。一个人，不能去掉特坏习惯，那简直是一文不值。

8. 钢是在烈火和急剧冷却里锻炼出来的，所以才能坚硬和什么也不怕。

9. 人的一生可能燃烧也可能腐朽，我不能腐朽，我愿意燃烧起来！

10. 人生最宝贵的是生命，生命属于人只有一次。一个人的生命应当这样度过：当他回忆往事的时候，他不会因为虚度年华而悔恨，也不会因为碌碌无为而羞愧；在临死的时候，他能够说："我的整个生命和全部精力，都已经献给了世界上最壮丽的事业——为人类的解放而斗争。"

🔊 ＿＿＿＿＿＿＿＿＿＿＿＿＿＿＿＿＿＿＿ 😃 ⊕

尼古拉·奥斯特洛夫斯基（Ostrovsky，1904—1936年）苏联作家，代表作有《钢铁是怎样炼成的》《暴风雨所诞生的》等。

奥斯特洛夫斯基

♡赞

微言微语

明锋云泊　选择奋斗的一生会伴随很多痛苦和艰辛，却可以涅槃成长；选择闲淡安逸的一生，只会在安逸中慢慢腐朽。如奥斯特洛夫斯基所说：我愿意燃烧。我选择奋斗的一生，有美好期待的一生。

爱心中的智慧　面对当下推崇颜值与金钱的风气，不禁让人感叹：镜子和钱包可以回答生活中我的大部分为什么和凭什么。

乐陶陶　人不是因为美丽才可爱，而是因为可爱才美丽！

致　远　《钢铁是怎样炼成的》影响了一个时代。

和颜爱语　一个人的生命应当这样度过：当他回忆往事的时候，他不会因为虚度年华而悔恨，也不会因为碌碌无为而羞愧。我至今还会背呢。

绿之梦　好习惯难养，坏习惯易成。

牛油果　真话要讲，问题可以很尖锐，但说话要讲艺术，不必刺耳。

星月夜　想到李嘉诚先生的一句话：出身本就富足的人，根部一定不壮。如果再稍有放纵，他必然一生辛苦。我天资不足，但是在沙砾中艰辛成长出来了。

五乎切　劳动，是最自然朴实的行为。通过劳动，我们发现更美的自己；通过劳动，我们化解无尽的难题；通过劳动，我们明白生命的价值。

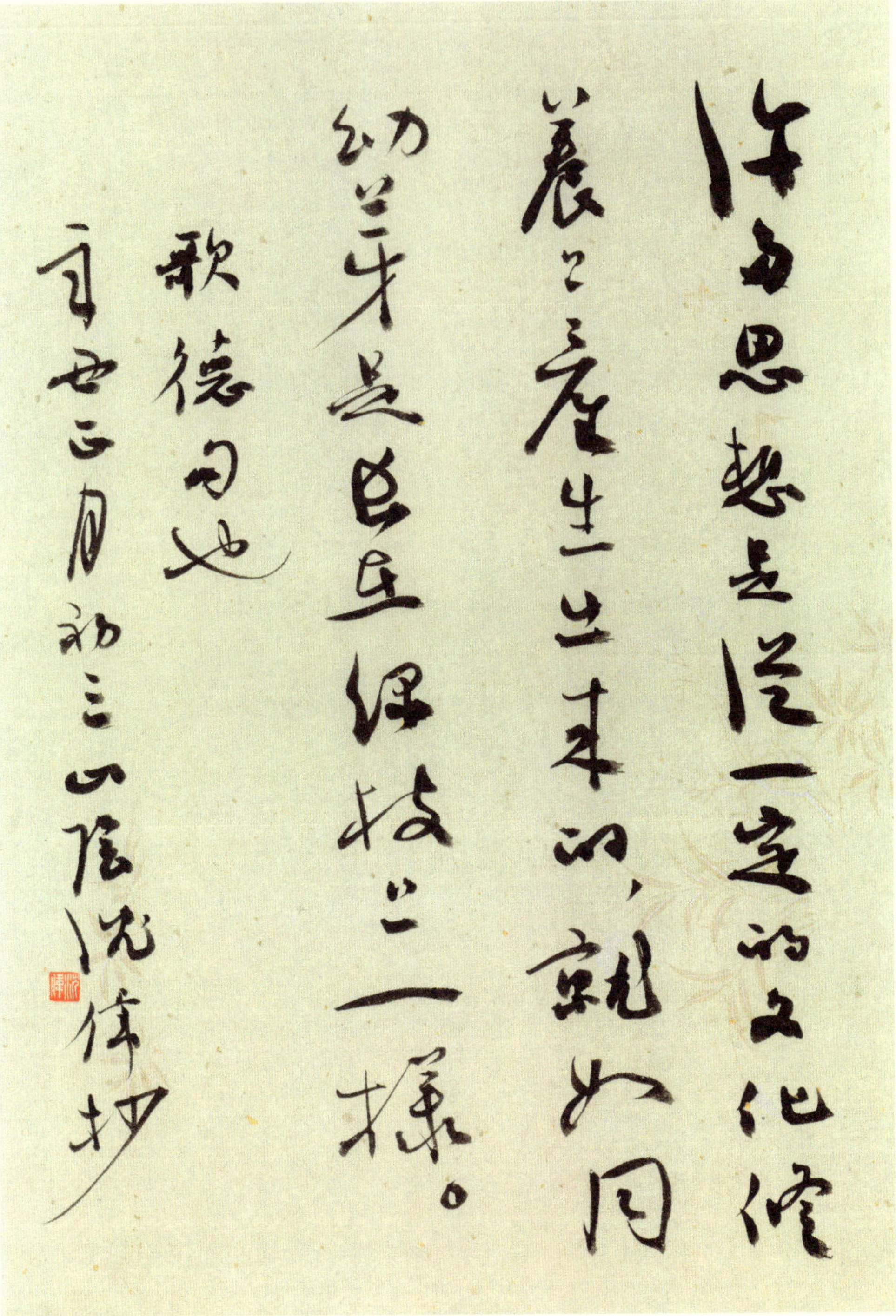

许多思想走过一定的文化修养

最终产生出来的，就如同

幼芽长成且绿枝一样。

歌德句也

丁亥正月初三四隐沈伟抄

沈 伟

一個人的生命應該這樣度過：當他回憶往事的時候，不致因虛度年華而悔恨，也不致因碌碌無為而羞愧；在臨死的時候，他能夠說：我的整個生命和全部精力，都已獻給了世界上最壯麗的事業，為人類的解放而斗争。

苏联·奥斯特洛夫斯基语句　晓光書

十竹齋

杨晓光

●●●●○ Mobile 📶　　　12:00 AM　　　100% 🔋

曼德拉 ［南非］

1 生命中最伟大的光辉不在于永不坠落，而是坠落后总能再度升起。我欣赏这种有弹性的生命状态，快乐地经历风雨，笑对人生。

2 如果天空总是黑暗的，那就摸黑生存；如果发出声音是危险的，那就保持沉默；如果自觉无力发光，那就蜷伏于墙角。但不要习惯了黑暗就为黑暗辩护；也不要为自己的苟且而得意；不要嘲讽那些比自己更勇敢的人们。我们可以卑微如尘土，但不可扭曲如蛆虫。

3 生命中最值得荣耀的，不是没有失败，而是在每次失败后都能勇敢地站起来。

4 生命中最重要的事不仅仅是活着，而是我们给他人的命运带来了何种不同。这才是生命的意义。

5 如果你用一个人听得懂的语言与他交流，他会记在脑子里；如果你用他自己的语言与他交流，他会记在心里。

6 知晓一个社会的灵魂，就看这个社会对待小孩的方式，除此以外，没有更好的办法。

7 寂寞和不被需要的感觉是最悲惨的贫穷。

8 我希望我的墓碑上能写上这样一句话："埋葬在这里的是已经尽了自己职责的人。"除此之外，我别无他求。

9 攀上一座高山后，你才会发现，原来还有更多的山头等着你。

10 教育是可以用来改变世界的最强有力的武器。

曼德拉（Mandela，1918—2013年），南非首位黑人总统，被尊称为"南非国父"，曾获诺贝尔和平奖。

曼德拉

♡ 赞

💬 微言微语

| 陶　辞 | 生命在于坚持，坚持，再坚持，哪怕在你人生最黑暗的时候，也要告诉自己坚持下去。 |

| 湖　波 | 一山还比一山高！中西很多文化其实是相通的！ |

| 致　远 | 虽历经坎坷，仍百折不挠，虽九死一生，仍锐气不减，虽身陷囹圄，仍以德报怨——传奇的曼德拉，新南非的缔造者。👍 |

| 星月夜 | 前两条我在很多年前就读到过，并摘录到私人的笔记里。的确，人的一生得有很多委曲求全忍辱负重的时候，但那是为了大局而隐忍，绝不是人格上扭曲的蛆虫。 |

| 爱心中的智慧 | 生命能处于弹性的状态，源自内心的无比强大！ |

| 五乎切 | 1994年，曼德拉在总统就职典礼上，向三位曾经看守他的狱方人员深深致敬，这样的举动，令世人为之动容。当他人信奉以牙还牙、以眼还眼时，曼德拉明白，仇恨不会借着仇恨消解。这份宽恕，是他留给我们的极其宝贵的财富。 |

| 熊　猫 | 风雨中抱紧自由。曼德拉是全球唯一一个在不同阵营、不同意识形态的国度里都好评如潮的政治家。 |

| 虫　儿 | "不要习惯了黑暗就为黑暗辩护"，说得多好啊！ |

●●●●○ Mobile 📶　　　　　12:00 AM　　　　　100% ▭

池田大作 [日]

1 人绝不是命运的奴隶！人自身当中，蕴含着积极主动创造出自己一生的力量。

2 嫉妒的人是不幸和寂寞的。

3 "人"并无上下之分。在"生命"上，没有财主，也没有穷人。

4 人的一生，是为了让自己的真正个性得到充分的发挥，尽情地绽放花蕾。

5 嫉火看似喷向他人，但烧焦的是自己。

6 人生并非由他人来评价，到终结审判自己一生的，正是自己本人。

7 一句鼓励的话，有时可以改变人的生命，成为活下去的力量。

8 人是可以心心相通的。单一句鼓励的话语，有时可以成为他人一生的心灵支柱。

9 撇开友谊，无法谈青春，因为友谊是点缀青春的最美的花朵。

10 "人"才是一切的焦点。任何的改革，假如没有人内心的改革，就是画龙欠缺了点睛。

池田大作（Ikeda Daisaku，1928—），日本著名宗教家、作家、摄影师、创价大学创办人，曾获联合国难民专员公署颁发的人道主义奖、爱因斯坦和平奖。

池田大作

♡ 赞　

💬 微言微语

乐陶陶　撇开友谊，岂止无法谈青春！友谊不仅是点缀青春的最美的花朵，也是漫漫人生路上的精神慰藉！

致　远　激励是成长成才的催化剂，也是催人奋进、教人求真的最好方法。因此，教师、父母、长辈要善于夸奖，善于激励，最大程度激发学生、子女、晚辈的潜能。

琼　飞　日本人比较善妒，他们对嫉妒所带来的痛苦与不幸、寂寞与焦灼，体会得尤其深刻。

绿之梦　续之："人"有厚重与浅薄之别，这与财富多寡没有必然联系。

五乎切　"人"才是一切的焦点，切中肯綮。就拿我们做企业的来说吧，"企"字形象地告诉我们："有人则企，无人则止。"

和颜爱语　@五乎切：人是一切事物中最关键的因素，任何不触及人心的改变，都是不彻底的。

深水静流　@和颜爱语：因此要观念先行。

小　路　"撇开友谊，无法谈青春"，似乎有点道理，可是我们的青春已逝，友谊却长存。

大　雁　嫉妒别人的优秀其实就是鄙视自己的不足。

●●●●○ Mobile 🛜　　　12:00 AM　　　100% ▭

马丁·路德·金 ［美］

---

1 我们必须接受失望，因为它是有限的，但千万不可失去希望，因为它是无限的。

---

2 我有一个梦，梦想这国家要高举并履行其信条的真正含义：我们信守这些不言自明的真理：人人生而平等。

---

3 有信心地踏出第一步，你不需要看到整个楼梯，只要踏出第一步就好。

---

4 昧着良心做事是不安全、不明智的。

---

5 最大的悲哀不是坏人的嚣张气焰，而是好人的过度沉默。

---

6 每当有事情发生的时候，懦夫会问："这么做，安全吗？"患得患失的人会问："这么做，明智吗？"虚荣的人会问："这么做，受人欢迎吗？"但是，良知只会问："这么做，正确吗？"

---

7 在最后，我们会记得的不是敌人的话语，而是朋友们的沉默。

---

8 如果你的梦想还站着的话，没有人能使你倒下。

---

9 你不愿为正义挺身而出的一刻，你已经死去。你不愿为真理挺身而出的一刻，你已经死去。你不愿为公正挺身而出的一刻，你已经死去。

---

10 还要等多久？快了，因为被践踏的真理必将重见天日。还要等多久？快了，因为没有什么谎言能够长盛不衰。

马丁·路德·金（Martin Luther King, Jr., 1929—1968年），著名的美国民权运动领袖，为黑人运动做出卓越贡献。曾发表《我有一个梦想》的著名演讲，于1964年获得诺贝尔和平奖。

马丁·路德·金

♡ 赞

微言微语

和颜爱语　马丁·路德·金说：不愿为正义挺身而出，不愿为真理挺身而出，不愿为公正挺身而出，等于已经死去。在是非面前装聋作哑的人，某种意义上，活着等于死去。

致　远　马丁·路德·金的的梦想多么美好，而现实是残酷的，他为此付出了生命的代价。

小　路　我有一个梦想，问题是谁和我做着同样的梦。

金　毛　@ 小路：自己的梦想自己实现，也是值得过的人生啊！

大　雁　若要完成伟大事业，首先要克服大的困难。

五乎切　不由想起了布鲁斯·威利斯、莫妮卡·贝鲁奇主演的老片子《太阳之泪》，片中沃特斯队长不惜违抗命令和违反交战法则，也要拯救难民于水火，令人肃然起敬。善良的人啊，请记住：面对不义，沉默即是同谋！

乐陶陶　@ 五乎切：说得太好了！纵容不义，就是轻视自己，就是放弃基本的正义诉求。

琼　飞　@ 乐陶陶：最大的悲哀不是坏人气焰嚣张，而是好人保持沉默。不要等到自己成为受害者再发声！

●●●●○ Mobile 📶　　　　12:00 AM　　　　100% 🔋

 霍金 ［英］

1 上帝既造就天才，也造就傻瓜，这不取决于天赋，完全是个人努力程度不同的结果。

2 身体和精神是不能同时残障的。

3 如果一个人没有梦想，无异于死掉。

4 当你面临着夭折的可能，你就会意识到，生命是宝贵的，你有大量的事情要做。

5 我注意过，即使是那些声称"一切都是命中注定的，而且我们无力改变"的人，在过马路前都会左右看。

6 活着就有希望。

7 生活是不公平的，不管你的境遇如何，你只能全力以赴。

8 我即使被关在果壳之中，仍自以为是无限空间之王。

9 我的手指还能活动，我的大脑还能思维；我有终身追求的理想，我有爱和爱我的亲人朋友；对了，我还有一颗感恩的心……

10 如果生活没有了乐趣，那将是一场悲剧。

斯蒂芬·威廉·霍金（Stephen William Hawking，1942—2018 年），英国著名物理学家、思想家，代表作有《时间简史》《果壳中的宇宙》《大设计》等。

霍金

♡ 赞

💬 微言微语

志 雄　第一句觉得这样说更好：上帝既造就天才，亦造就傻瓜，但如果不努力，天才也白搭。

爱心中的智慧　霍金对自己的评价是：乐观，浪漫，固执！

和颜爱语　霍金，一个内心强大的科学家，一个自己命运的主宰者！

大 雁　没有深入骨髓的执念，怎么能在知识的边界处航行？

小 路　"我即使被关在果壳之中，仍自以为是无限空间之王"，果壳是霍金的现实世界，无限空间是他的精神世界，在思想王国中，他不是一个坐在轮椅上的残疾人，而是一个飞翔于九天之上的强者。

五乎切　文王拘而演《周易》；仲尼厄而作《春秋》；屈原放逐，乃赋《离骚》；左丘失明，厥有《国语》；孙子膑脚，《兵法》修列；不韦迁蜀，世传《吕览》……生活是不公平的，那些成就不凡功业的人，也都忍受了常人难以承受的痛苦。

熊 猫　霍金对人类的贡献不仅在于他提出了黑洞理论，更在于他身残志坚而成为励志偶像，很多人因崇拜霍金而爱上科学。

绿之梦　带着乐趣学习，求知欲会越来越大；带着乐趣工作，成就感会越来越多。想通了这一点，再忙都觉得心理美滋滋的。

●●●●○ Mobile 📶　　　12:00 AM　　　100% ▭

迈克尔·杰克逊 [美]

1 如果带着被爱的感动来到这个世界，如果你同样带着这份感动离开，那么你的一生所遭遇的一切都不算什么。

2 谎言善于冲刺但真理擅长马拉松。在法庭上真相终究赢得这场审判。

3 让我们梦想着一个明天，那里有从心底升腾起的爱，我们终将明白一个真理，爱像一颗充满创造力的心。

4 接受教育最有效的方式就是置身现场，亲眼看看那些大师是怎样创作的。

5 印刷成文不能代表它们就是真理。

6 如果我一个星期没有工作，我会觉得自己懒惰了，被甩在后面了。我喜欢有活力和创造力的生活——我不断地探寻着明日的动向，探寻着未来，重要的一点是要与时俱进。

7 努力做到最好，不能是第二或者第三。只要你选择了这条路，就一定要做到最好。

8 我从未对任何事物满意，我是个完美主义者，这是我本身的一部分。

9 当一个世界充满了仇恨，我们必须依旧敢于希冀；当一个世界充满了愤恨，我们必须依旧敢于抚慰；当一个世界充满了绝望，我们必须依旧敢于梦想；而当一个世界充满了猜忌，我们必须依旧敢于信任。

10 我相信我的作品，就像我说过的一样，我对我的梦想有很强的信心。当我有一个主意的时候我的意念坚定得就像钢铁一样。

(((•)))　　　　　　　　　　　　　😄　⊕

迈克尔·杰克逊（Michael Jackson，1958—2009年），美国著名歌手、慈善家、具有世界影响力的"流行音乐之王"，至今保持着唱片销量的多项吉尼斯纪录。

迈克尔·杰克逊

♡ 赞

微言微语

陶　辞　每一个艺术家心里都装着一个美好的梦想。

潇　潇　追求完美本身就是一种偏执，学习接受自己的不完美，是我们人生的必修课。

绿之梦　追求完美是登上艺术与科学巅峰的必备品质，但从医学角度，不利于身体健康。

乐陶陶　"接受教育最有效的方式就是置身现场，亲眼看看那些大师是怎样创作的。"现场教学效果最佳！

和颜爱语　追梦既需要自信，更需要钢铁般的意志。

致　远　努力做到最好是成就事业的保证。一般来说，要求越高，收获越大。正所谓："取乎其上，得乎其中；取乎其中，得乎其下；取乎其下，则无所得矣"。

星月夜　迈克尔·杰克逊，一个传奇巨星，一个真正的天王，一个可以表达灵魂的舞者。

小　路　@星月夜：完美主义者并不罕见，他的伟大之处在于，他践行了完美主义。

五乎切　他去世后，人们反而更加怀念他了，那些八卦传言也都随着烟云消散了。

●●●●○ Mobile 🛜 　　12:00 AM　　100% ▭

后 记

《大智慧——不可不读百位名人十句经典》（中国卷）出版后，得到了读者的好评，不少读者希望尽早看到续篇。为了满足读者的要求，我便从前年开始着手编辑《大智慧——不可不读百位名人十句经典》（外国卷）。在那段时间里，我每天照例在微信朋友圈编发一位国外名人的十句经典话语。经过半年多的积累，共收集和编发了近两百位名人的近 2000 句经典名句。浙江人民出版社的编辑很给力，很快形成了书稿送我审阅。但由于种种原因，书稿在我的案头上放了近一年时间。

2020 年春节，新型冠状病毒肆虐全国。为了切断病毒的传染，杭州实行了史上最严格的隔离措施。除了在小区里走走，哪里也去不了了。也正好，趁此机会静下心来读读书，养养心，把平时想做而未做的事了掉。审核这部书稿并尽快出版，正是想做的事之一。

这几天，集中精力审校了一遍。阅读中，犹如与历史上的众多哲人对话，加上后面微友的精彩点评，这些智慧之语就像道道清泉流过心间，让心境变得清澈起来，连日来被疫情搅得焦虑不安的情绪也平静了许多。

读这些名人名言，有两点突出的感受。首先，中西方文化虽然表现形式不一，但很多地方是相通的。中外哲人对世界、对人生、对艺术、对金钱等等的看法，有许多共通的地方。他们充满智慧的语言，往往有异曲同工之妙。譬如，"当信用消失的时候，肉体就没有生命"

🔊　　　　　　　　　　　　　　😃　⊕

●●●●○ Mobile 12:00 AM 100%

与“人而无信，不知其可也”，“一个人过了 40 岁，应当为自己的长相负责”与“相由心生”，“要把学生造就成什么人，自己就应当是什么人”与“身教重于言传”，“金钱这东西，只要能够维持生活就行了，若是多了它就会成为遏制才能的祸害”与“知足常足，终身不辱”。再譬如，“没有想好最后一步，就永远不要迈出第一步”与“人无远虑，必有近忧”，“我们每个人在内心深处都觉得，对于生命是一种无忧无虑的淡泊态度，将抵偿他自身的一切缺点”与“非淡泊无以明志，非宁静无以致远”，等等。由此可见，人类在追求真善美这点上是有共性的。

另外一点深刻的体悟是，这些充满哲理的至理名言，随着时间的磨砺，越发闪耀着智慧的光芒。这些名人中，有政治家、军事家、哲学家、艺术家、科学家……他们的思想和言论，涉及政治、军事、科学、文化艺术等各个方面，对后世产生了深远的影响。有些名言，话虽不多，但字字珠玑。这些名言，尽管有些读来是熟知的，但常读常新。还有些名言，对当下有着强烈的警示作用。100 多年前，恩格斯就警告过我们，人类对自然界的每一次胜利，都可能遭到报复。我们应该深刻地反思，如何与世上的万物和谐共处，共存共荣。我相信，阅读并记住这些充满智慧的名言，对个人、对民族、对人类的共同发展都是大有裨益的。

在这里，我要感谢对名句作出精彩点评的微友们，感谢为本书出版付出大量精力的编辑们。

图书在版编目（CIP）数据

大智慧：不可不读百位名人十句经典. 外国卷 /
杨晓光编. —杭州：浙江人民出版社，2021.4
ISBN 978-7-213-09839-0

Ⅰ. ①大…　Ⅱ. ①杨…　Ⅲ. ①格言-汇编-国外
Ⅳ. ①H033

中国版本图书馆 CIP 数据核字（2020）第 165830 号

大智慧——不可不读百位名人十句经典（外国卷）
杨晓光　编

出版发行	浙江人民出版社（杭州市体育场路 347 号　邮编 310006） 市场部电话：（0571）85061682　85176516
责任编辑	潘玉凤　高辰旭
责任校对	王欢燕
责任印务	陈　峰
封面设计	许冬喜
电脑制版	杭州大漠照排印刷有限公司
印　　刷	杭州富春印务有限公司
开　　本	710 毫米×1000 毫米　1/16
印　　张	13
插　　页	2
版　　次	2021 年 4 月第 1 版
印　　次	2021 年 4 月第 1 次印刷
书　　号	ISBN 978-7-213-09839-0
定　　价	48.00 元

如发现印装质量问题，影响阅读，请与市场部联系调换。